聯經經典

烏托邦
Utopia

湯馬斯·摩爾(Thomas More)◎原著
宋美璍◎譯注

國科會經典譯注計畫

譯序
湯馬斯·摩爾的世界與視界

　　湯馬斯·摩爾是文藝復興時代歐洲的賢達名士，出身法學世家，知友皆爲鴻儒（荷蘭大儒依拉斯默斯是其一），中年之後仕途順遂，受到英王亨利八世倚重任命爲宰相，最後因拒絕改信英國國教效忠英王，於1535年喪命斷頭台，四百年後於1935年被天主教會追封爲聖徒。摩爾的一生兼治文史政治，著作等身，尤其精擅人文主義的五項學門（拉丁希臘文、修辭學、詩、歷史和政治倫理學），是當時英國學術界的代表性人物。他在事業巔峰時刻選擇忠於天主教信仰，不願變節改事俗世的新教君王，終究以身殉道。這樣的奇人高風曾經數度拍成電影，其一名爲 "A Man for All Seasons"（全才全德之人，中譯片名爲《良相佐國》），是大家所熟知。1999年伍頓（David Wootton）新譯《烏托邦》，仍延此名尊稱摩爾。

　　國科會於四年前推動經典譯注計畫，首輪獲得推薦翻譯的經典之一便是《烏托邦》。此書原以拉丁文寫成，1516年於魯汶出版，1517年於巴黎再版，後經摩爾修訂，增加附錄，於1518

年3月在瑞士巴塞爾出版第三版，又於11月刊行第四版。第一本英文譯本於1551年由羅賓遜(Ralph Robynson)翻譯，依據1516年版。此後多次重譯，仿作和評論更是不斷。最近的譯本為2001年米勒(Clarence H. Miller)所譯，由耶魯大學出版。英譯本風格各異，有書卷氣較重者，也有刻意改為口語風格。無論如何，各個英譯本對拉丁原文的理解同中有些微差異，注釋有側重背景脈絡(如摩爾當時的政治、理想國的古典傳統等)，有針對拉丁文歧義辨義者，亦有剖析摩爾和依拉斯默斯之間的學問切磋如何反映在《烏托邦》的行文中，更有辯論摩爾的用意(摩爾是否藉此書提倡共產主義)，或推敲書中的曖昧語氣(摩爾在書尾貶損烏托邦的體制)是否誤筆？這一切種種未決之論使得《烏托邦》一書至今依然疑點重重，亦使得譯者前仆後繼，匍匐於譯事之道路，深深著迷於摩爾的辯證弔詭的思維。中譯本有劉麟生(1934)、劉成邵(1957)、郭湘章(1966)和戴鎦齡(1982)等版。國科會「經典譯注」的系列希望著重注釋及評論，故而再度譯為中文。新譯力求信實清暢，並且妥善注解原作文字與內容的幽微之處，期盼幫助讀者獲得老書新讀的樂趣。《烏托邦》寫成至今將近五百年，上承古希臘羅馬的人文傳統，下啓往後數百年的烏托邦文學與社會實踐，影響深遠。但是，由於文本揉合史實和虛構，兼容哲學思辯和文學手法，因此後世學者產生不同的解讀，甚且質疑摩爾的真正意圖並非建構，而是解構，古典的理想國。

　　《烏托邦》研究跨越哲學、政治和文學等領域，已有的成果浩大幽深如海洋如山林。下文將僅就摩爾的意圖與修辭等相

關議題，扼要解說此書的多重面向。摩爾的生平以及時代背景
的縱橫脈絡，學者詹柏士（R. W. Chambers）已有專書詳述，亦
已譯爲中文（請見參考書目），此處不另重複，僅於書後附簡要
的年表。書後所附參考書目含版本、譯本、傳記、重要研究成
果，和摩爾所啓發的烏托邦／反烏托邦文學，提供有興趣的讀
者進一步閱讀。

構築烏托邦理想國：摩爾的意圖

　　烏托邦（utopia）一詞是摩爾自創，希臘原文的兩個字根有
互相矛盾的雙重涵義：一爲「樂土美地」（eu-topia），一爲「烏
有之邦」（ou-topia）。摩爾的用意在呈現烏托邦的辯證本質：
它是一個無法實現的理想國度。這層弔詭以不同的手法出現在
《烏托邦》全書。

　　摩爾以柏拉圖的《理想國》（*The Republic*）爲雛形，取其
小國寡民、階級分工和公有財產的理念，另外融合亞里斯多德
在《政治學》（*Politics*）書中所揄揚的「公民道德」（個人的群
體義務，有別於私人操守），在《烏托邦》中構築一個非基督
教、共產的城邦國，以理性爲治國的上綱原則。但是《烏托邦》
不只是哲學與政治學的思辯。摩爾的人文主義學養亦崇尙文
學，是以加入文學性的虛構，將抽象的理念納入當時盛行的旅
行文學的敘事框架，假託一名老水手拉斐爾‧希適婁岱（Raphael
Hythloday）的海外見聞，勾勒烏托邦的典章制度。

　　全書分兩部分，第二部分爲希適婁岱的獨白，描述烏托邦
社會的種種制度和習俗；第一部分爲對話體，由希適婁岱和摩

爾就英國和歐陸的現實狀況提出對立的看法。此書靈感初孕於1515年5月，摩爾奉派至弗蘭德斯洽談貿易，閑暇時幽居客舍思考醞釀，旋即動筆寫就第二部分，10月返回倫敦再寫了第一部分。第二部分建構理想，第一部分批判現狀，就體例和內容而言看似涇渭分明,因此有學者索性說《烏托邦》是兩本書。但有更多學者認爲兩部分實有互補參照的作用，猶如一枚銅幣之兩面。第二部分的重點包括政府體制、公民教育、婚姻制度、有限的女權、海外殖民、正義的戰爭以及宗教寬容等。第一部分的兩個辯論要旨，一爲出仕是否明智，一爲偷盜行爲之罪與罰(以及引發偷盜的社會、經濟因素)。兩個部分一談醜陋的現實面，一談無法實現的理想，可以說揉和摩爾的社會觀察和視界願景，以虛構月旦現實，既是言志，也抒發對現實的不滿。

首先,烏托邦是一個封閉的符號體系。摩爾如此爲它造型:

烏托邦人所居住的島嶼中間最寬的部分有兩百哩，愈向兩端愈見狹窄，形成一個圓周約五百哩的圓形，全島外貌彷若一彎新月。新月的兩個犄角相距大約11哩，海水由此流進內陸，漫開形成一座海灣。由於三面有陸地環繞，此處海域波平如鏡，猶如大湖。全島內腹的海岸圍成一個大港，船隻航行無阻，便利百姓交通往來。海灣入口處一邊為淺灘，另一邊則為岩岸，航道極為險峻，中央突出一塊礁石清晰可見，因此不致造成危險。石上高處建有塔台，軍隊駐戍其中。其餘礁石暗藏水底，非常不利行船。進港的航道只有烏

托邦人知道，外來人必須有在地的領航人指引，方能
順利入港。

這個地理位置遙遠孤懸，拒絕外來異文化的混染。開國君
主烏托帕斯於征服該島之後便挖掘海溝，引水環繞該島四周，
截斷與大陸的連接。島國國防固若金湯，航道看似平靜，卻暗
藏兇險，入境（initiation）必須由在地人指引。「我」與「他者」
的分野明確。

希適婁岱一貫稱呼烏托邦爲舉世無雙的國家體制，讚揚它
的理性、秩序、嚴謹位階、集體一致和自給自足。島上有54座
城市，建築規劃全無不同，彼此間隔等距，城鄉居民輪值勞動，
無勞逸之分。於鄉間務農之國民以40人爲一戶，配置奴隸兩名。
每戶置男女戶長各一，30戶則置族長一人統領眾人。每年每戶
有半數的人口回返城市，空缺由城市人口回流頂替，每人輪作
兩年，其中有一年生手與熟手各半，一方面爲求勞逸公平，另
方面也爲專業經驗得以順利接力。農戶生產生活必需品，供自
己與城市居民消費。城市中的街區規劃亦循公有共享的原則，
每戶前後各有一門，門不設鎖，進出自由，中庭則闢爲花園，
種植草木，四時茂盛。此處眉批特別註明如此的都市設計仿照
柏拉圖，遍植草木則是學習維吉爾。

烏托邦的政府體制類似聯邦，由全國54座城市選擇位置居
中的一座爲首都。官員悉由選舉產生，有些由各戶直接普選，
有些則由每個城市選出的代表間接選出。每座城市各選出市長
一人。國家公眾之事皆在市參議會及全國大會中討論議決，國

民若於私下議論決定，可處死刑。如此的政治架構襲自柏拉圖於《法律》(*Laws*)中宣示的理想，認爲最健全的政府體制應是帝制、貴族統治和民主政體的結合。烏托邦的封閉體制亦見於職業的分派。市長、20名總族長、兩百名族長和13名神職人員不參與勞動生產，其餘國民除了務農之外，每人另外研習一門技藝，毛紡、織布、石工、木工等等。婦女擔任較輕便的職業，如毛紡、織布。衣著只區分性別和已婚、未婚，一生樣式不變。職業世襲，如欲中途改業，必須過繼他人爲子。特別喜愛學術研究的國民，經過認證之後即以學者爲業。如此，除少數人之外，全國國民皆有兩個職業，平日由族長監督，不許偷懶，否則逐出國門。

烏托邦的制度兼含齊頭式和立足點的平等。此外，烏托邦人奉行位階觀念，長幼有序，尊卑各如其分，集體進食之際長幼隔鄰而坐，長者維持秩序，並且適時進行生活教育。人人每日工作六小時，餘暇用於運動及聆聽演講。每日黎明之前的公眾演講用來灌輸群我之際的義理以及法律觀念。烏托邦人的理性並非天生，而是平日以有形與無形的方式制約培育。有形的教育訴諸法規，例如職業本分；無形的教育則經由習俗，例如男女結婚之前裸裎相見，彼此驗明身體長相，以免婚後反悔成爲怨偶。離婚的條件不包括嫌棄外表。希適婁岱如此描述：

> 選擇配偶時他們謹慎肅穆地遵守一項習俗，可能會讓我們覺得愚蠢荒謬之至。無論初嫁或再嫁，女子由一位受人敬重的婦人陪同，裸身面對她的求婚者；同樣

地，求婚者也由一位有名望的男士陪同，裸身面對這
位女子。我們或許會嘲笑這個習俗，斥為荒唐；反之，
烏托邦人對他國人民的愚昧也是吃驚不已。一般人買
一匹小公馬，不過區區之錢，卻是小心翼翼，馬的全
身已經赤裸猶不放心，惟恐鞍具蓋毯底下藏著膿包，
必得卸下驗證無誤，方才付款成交。但是，擇偶一事
攸關兩造後半生是幸福或是怨懟，男子卻草草將事，
任令女子全身緊裹衣物，只看到她唯一露在外面的
臉，這麼一塊巴掌大的部分，就決定娶她。婚後要是
發現對方身體某部分有不能忍受之缺點，豈不冒著日
日爭吵的忒大風險？

另一個培養理性的習俗是徹底逆轉金銀的價值：

烏托邦人如果把金銀上鎖，藏於高閣，百姓之中一定
會有自以為是的人捏造謠言，說是市長與參議會抱有
私心，意圖貪瀆自肥。當然，金銀可以用來打造器皿
或藝品，但是如此一來百姓心有所繫，必要之時（例
如，將這些金銀物件熔化，用來支付軍人的薪資）他
們必不願割捨。為了避免這些問題，他們想出一個做
法，完全契合他們的其他體制，但與我們的卻是南轅
北轍。他們用陶皿盛食，以玻璃杯飲水，造型樸素但
手工精緻。但是，夜壺和其他置於公共廳堂的低鄙的
用具，卻是用金銀打造。此外，奴隸身上的鎖鏈腳銬

亦是金銀所做。

《烏托邦》所揭櫫的理想經濟是一個無私無我，人盡其力、物盡其用的無貨幣的制度。摩爾年輕時原想成為神父，後來改習法律，留在紅塵俗世。他特別崇敬僧院中安貧守貞的誡律。希適婁岱描述烏托邦中的賢人：

> 人研究自然，進而敬畏自然，他們認為這是合乎上帝旨意的崇拜方式。國民之中有不少人由於宗教信仰虔誠，因此平日不從事學術研究，但這些人絕非怠惰之徒。他們勞苦自己的身體，造福他人，藉以追求死後的極樂。有些去照顧病人，有些去鋪路、疏浚溝渠、改建危橋，以及剷掘草皮、沙土和石塊；另有些人則伐木鋸材，運送木材、穀糧和其他物品至各個城市。他們為私人工作，也為公家工作，比奴隸還任勞任怨。任何粗重、乏味和困難的工作，一般人視為艱苦骯髒，避之唯恐不及，這些人卻做得滿心歡喜，勞苦自己，換取別人的悠閒，卻不居功，也不去批評別人的生活方式。他們愈是以奴隸看待自己，愈是受到別人尊崇。

這恐怕就是摩爾最真心的個人理想。他在俗世為人夫、為人父、為人臣子，但是心所嚮往的卻是如此的「去我執」的奉獻情操。他的理想國的基石委實便是公社制度、共產共工。《烏

托邦》第一部分譴責錢財為萬惡之首，第二部分說「驕傲」（以榮華富貴自負自喜）是萬惡之源，除惡之道唯有廢除私有財產。

實話虛言：摩爾的修辭策略

《烏托邦》鼓吹共產理想，用以匡正當代歐洲的社會亂象，其中尤以貧富不均、酷法傷民（竊銖者誅）和佞臣當道為甚。摩爾虛構對話，辯論而不下結論；在命名中暗藏玄機，例如希適婁岱的名字意為「瞎掰之人」，首都艾默若意為「晦暗不明」等等，刻意留下曖昧空間，不做定論。尤其全書結尾摩爾所下的結語更是反覆推託，耐人尋味：

> 聽完拉斐爾講的故事，我實在覺得烏托邦的法律和習俗有不少甚是荒謬。比如說他們的戰爭方法，他們的宗教措施，以及其他的風俗。但是我最不能認同他們的基本體制，也就是集體生活和不使用金錢的經濟制度。單是這個體制就足以完全抹殺一般人所認定的一個國家的炫爛光采：它的高貴、宏偉、壯麗和皇族氣派等。可是我知道拉斐爾說得倦了，也不確定他能不能接受相反的意見，又記起來他曾經罵過某種人，說他們惟恐被認為無知，因而拼命在別人話裡找碴。我於是一邊讚美烏托邦人的生活方式以及他的精采敘述，一邊牽起他的手領他到屋裡用餐。進屋之前我說將來要再找時間，跟他進一步討論這些事情。但願這

個願望可以實現！

　　如此的隱晦修辭對一位久在仕途、老於世道的摩爾是必要的自保策略。他攻擊甚多當代的政經亂象，其一是苛法，其次便是朝政。《烏托邦》批判16世紀初的「新政治」和「新經濟」。前者獨尊君王的謀略，朝臣阿諛奉承攀緣急進；後者執行圈地政策，圖利地主，廢除傳統公田農地，致使貧民無地生產糧食，終致淪爲盜賊，陷困法律羅網遭處極刑。「新經濟」的受益者除了貴族地主之外，尚有當時新興的自耕農，圖望政府徹底實行土地私有制。摩爾的願景其實是向後看，回到柏拉圖的共有體制，以及中古時期群體社會的農業生產模式。希適婁岱在第一部分摹想自己勸諫君王勿窮兵黷武，要愛民如子，要興利革弊，要端正朝風，一如他在烏托邦所見。他自覺與仕途格格不入，實是代言摩爾內心的矛盾，也使摩爾借此與當時麥基維利《君王論》所倡行的「朝廷青雲路」隔空辯論。置於當時政治與經濟的「新」格局之中來看，《烏托邦》的社會主義理念顯然是不合時宜的，或者可以說是傻子的行徑(folly)。摩爾在全書結尾說反話，刻意以「荒謬」稱之。依拉斯默斯在《傻人頌》(*The Praise of Folly*)中談傻子的行徑，其中之一正是在滔滔濁世奢談仁義道德。此書拉丁文書名爲 *Moriae Encomium*，拉丁文morus原意爲「傻子」，與摩爾的姓 (More)相近。《傻人頌》成稿於依氏做客摩爾府邸時，其實便是頌揚摩爾的不合時宜的人品道德與理想願景。

烏托邦不是樂園

　　古典希臘羅馬文學的傳統中早有樂園的文類，描寫一個無拘無束、不虞匱乏的極樂世界。「柯坎樂土」(The Land of Cockayne)和「農神節慶」(Saturnalia)是兩個知名的例子。在樂園之中沒有憂愁勞苦，亦無法律道德的綑綁，人人飲食享樂稱心如意。《烏托邦》不是樂園，它倡議的是行為規範、集體生活、公民教育和肅穆的宗教信仰。人生的價值可以總結為「我為人人、人人為我」，人生的目標不在當下的享樂，而在追求靈魂的不朽。摩爾雖建構一個非基督教的城邦理想國，但是卻以討論宗教信仰為全書收尾；雖不明白宣揚基督教，其實所談一神論和貶抑拜物迷信等，皆在鋪架基督教的基礎教義。他特別讚許僧院的公有共工及守貞制度，認為是人類克己復禮(上帝之道)的極致行為。如此的理念與古典希臘羅馬的俗世欲念大相逕庭，甚至可以說是「違反人性」的。後世出現的「反烏托邦」主題，批判的正是烏托邦的壓抑個體。

　　摩爾的《烏托邦》和他所揭櫫的理念隱含許多弔詭，有些屬於形式和技巧(例如，對話和文字創意)，有些卻是反映人類面對理想和現實之間的徘徊猶豫。烏托邦人將快樂定義為生時悟道之樂與死後靈魂的極樂，與多數人類追求的俗世快樂完全不同。摩爾少時曾想出世為僧，後來卻出仕為官享受高位，最終選擇「傻子行徑」，為了信仰拋捨頭顱，畢竟都是一己的抉擇。

　　烏托邦的想像視界虛實糾葛，陳述的是個人內心的欲求，

在現實世界中很難或無法實現的願景。 烏托邦文類衍異至21世紀，種類繁多，單以性別主題而言，有女性主義烏托邦，爭取與男性平等的自主權；亦有同志烏托邦，抗拒傳統的男／女區分。摩爾在《烏托邦》中提高婦女的地位（例如，年長的寡婦有資格被選舉擔任神職），但是為人妻者在每月月尾之日必須遵照傳統，向丈夫下跪，懺悔一個月來所犯的過錯。摩爾彷彿單腳跨進「現代」的門檻，另一隻腳卻還懸在中古時期。他對我們今天所界定的人權猶不一定擁護，遑論女權。但是，平等民主，確是他鼓吹的重要理想。

理想國的想像因人而異，建構成為政治和社會的藍圖，則需要擘劃執行面的典章制度。摩爾的烏托邦強調教育，用以培養公民道德，以今天的說法就是利用國家機器來鞏固群體意識，這正是傅柯（Michel Foucault）等人所要顛覆的權力宰制。但是，無可諱言地，理想國的社會秩序和福利卻也是眾多現代人心之所嚮往。因此，烏托邦的想像是一則選擇題，不是一則是非題。

疑點重重：烏托邦是不是摩爾的理想國？

長久以來，研究《烏托邦》的學者經常擺盪在兩個選項之間，爭議烏托邦究竟是，或者不是，摩爾心目中的理想國。烏托邦的終極理想是自給自足的經濟制度，以及崇尚理性的行為制約。前者的體現為公有財產，後者則藉由教育和法律達成。個人福祉必須依存於公眾福祉之下，集體安定絕對優先於私人自由。如此之理念與執行方法與近世啟蒙以降的個人主義思潮

簡直南轅北轍。烏托邦的制度對人民的日常生活有諸多限制，例如旅行必須報准、職業世襲、房舍設計排除隱私權、設奴隸階級，以及家內由父權宰理等，在在皆壓制「自由、平等、博愛」的浪漫情操。另外，烏托邦人用兵之道首重賄賂及刺殺，似非君子之所為。他們依賴傭兵鞏固國防，也會為紓解國內人口壓力，取得殖民地而興戰。這些做法自然是考量本國的利益，為了維護鞏固經濟和社會的安定，但在道德上卻萬萬稱不上「理想」。

　　持正面看法的學者則認為，《烏托邦》揭櫫理想，以「知其不可而為之」的心情意圖匡正人心。詹柏士說：「烏托邦人只有理性作為人生的指引便有如此之境界；哀乎，信仰基督的英國人！哀乎，信仰基督的歐洲人！」（128）大儒劉易士（C. S. Lewis）亦讚揚此書諷諫世道的立意和文學技巧，認為它成功地展現「一面諷刺的明鏡」（"a satiric glass"）（68），照映世人的貪婪。劍橋大學出版的《烏托邦》英譯本的三位譯者（Logan, Adams, Miller）贊同此一功能論，為書中烏托邦人的殖民政策緩頰，認為摩爾面對社會動亂和擴張主義的兩難，選擇他認為的較小的禍害。他們說，《烏托邦》是一本鬱卒的書（"a rather melancholy book"）（xxxiii），從作者選擇書名Utopia（烏有之美邦）以及主角之名Hythloday（瞎掰的人），可以看出他的自我調侃。全書結尾時，他更說烏托邦難以在現世實現。書中諸多矛盾語或不合世情的細節，甚多出自促狹的修辭策略，也顯露摩爾的游移進退的心情。此外，摩爾長久浸淫於路西安（Lucian）的詭譎傳統，善於利用對話的辯證特質，同時並陳對立的兩種立場，但不明

示結論。實則，他自少即仰慕僧院的共工共產制度，以及發揚古哲的理想國理念，一生不曾改變。

另派學者則單挑書中負面的意象及修辭。烏托邦狀若新月，兩個犄角既不完美亦非吉兆；首都艾默若字義晦暗；烏托邦人喜愛僱用兇煞殺手札波人；雖不愛金銀，卻以金銀作爲勝戰的工具；女權不張，妻子須向丈夫下跪告解等等。既有如許多的瑕疵，如何稱得上理想國？

這些質疑都是書中的事實。摩爾沒有爲烏托邦人的道德辯解，讀者只能依自己的自由心證，自行判斷褒貶。但不可否認的是，摩爾仿效柏拉圖和亞里斯多德傳統的理想城邦，描繪守分盡責的國民；他寫的不是君子國和仙界聖人。事實上，烏托邦的理想——小國寡民，自給自足——在摩爾的時代早已是過時之物(anachronism)，或者說是一個無以實現的欲求。自摩爾以後，文人模仿《烏托邦》之作甚多，甚且有付諸行動的實踐，可見認同者所在多有。但是，理想往往擱淺在現實的礁石上，失敗也成了公社實驗的常律。史上有名的例子包括19世紀30年代盛行的傅立葉主義(Fourierism)，和它所啓迪的波士頓郊外的公社組織Brook Farm。亦有懷疑其理想性者，則突顯烏托邦體制的威權，以及它對人性的宰制，例如奧威爾(George Orwell)的*1984*，咸認爲是反烏托邦文學的代表作。

烏托邦是善是惡？摩爾已然列位仙班，無從求解。他即便在世，恐怕只會莞爾一笑，淡淡地說：信者恆信。

翻譯《烏托邦》

本書除了《烏托邦》正文，另譯出正文前後的信函和讚詩，以及正文頁緣的眉批。這些附文（parerga）（另含地圖與烏托邦字母表）先後收錄於四個拉丁文版本中，是摩爾和一群人文主義學者友人的集體創作，為此書營造聲勢和加強其「真實性」。翟理斯和摩爾以及卜茲萊頓之間的信函解釋書中為何未提烏托邦的地理位置（希適婁岱正說時一旁有人咳嗽，把他的話遮了過去），以及希適婁岱確有其人（據說當年3月1日還有人見到他）等，保證「書中一無謊言」。眉批是翟理斯在付印之前所加，用以加強文意或製造反諷效果。讚詩類近打油詩，由摩爾一群歐陸文友學者分頭寫就，顯現此輩文儒慣常採用的嘻笑風格，刻意吹捧此書。正文和附文相輔相成，合成一則理想國的虛構想像。

《烏托邦》拉丁文版共有四版，學者以第三版（1518年3月巴塞爾版）為標準版。英文版則以1995年劍橋大學版的注釋最為詳盡，且附拉丁文原文供參照。此次再譯為中文，除正文之外亦譯出附文的重要篇章，冀求呈現摩爾書寫策略的全貌。落筆之時亦參考比對不同英譯本和拉丁文原文，原文所無之句讀分段悉依劍大版。原文語意不明而致各版英譯有所差異時，則取簡潔合理之義。摩爾的拉丁文體混合不同的語用特色（俗語、教會講道用語、法律用語、歷史敘述用語等），語法則難脫拉丁文的迂迴本色，英譯本亦常見冗長晦澀的句子，偶令譯者興起擲筆逃遁之心。此書譯事過程之中重溫荒廢多年的拉丁

文，此外要感謝不同的英譯者，他們的譯文和注釋令我受益良多。幾位中譯前輩也在許多地方指引我免於犯錯，在此一併申謝。如仍有誤，未來如有再版定予校正。

宋美璍
92年元月於台北

目次

附錄

依拉斯默斯

彼得・翟理斯

1516年初版所附烏托邦地圖

a b c d e f g h i k l m n o p q r s t u x y

〇⊖⊕⊙⊖☉⊃ᏮꙄꙌ◲△⅃Ⴑℾ⅂◳目⊞⅁⊟⊡

TETRASTICHON VERNACVLA VTO-
PIENSIVM LINGVA.

Vtopos   ha   Boccas   peula   chama.

polta   chamaan

Bargol   he   maglomi   baccan

foma   gymnofophaon

Agrama   gymnofophon   labarem

bacha   bodamilomin

Voluala   barchin   heman   la

lauoluola   dramme   pagloni.

HORVM VERSVVM AD VERBVM HAEC
EST SENTENTIA.

Vtopus me dux ex non infula fecit infulam.

Vna ego terrarum omnium abfcҩ philofophia,

Ciuitatem philofophicam expreffi mortalibus.

Libenter impartio mea,non grauatim accipio meliora.

b ;

1518年第三版所附烏托邦文，由上而下分別為英／烏字母對
照表、烏托邦讚詩（中譯見本書頁9）、下方為此詩的拉丁文譯文

Io. Clemens.　　Hythlodæus.　　Tho. Morus.　Pet. Aegid.

《烏托邦》1518年第三版所附園中談話場景。在座有希適岱妻、摩爾和翟理斯，左側年輕人為摩爾門徒克里孟。

依拉斯默斯致弗羅班[1]函

（談治國之道，以及邇近被發現的烏托邦島。由名士才子倫敦市民暨副司法處長湯馬斯・摩爾所撰，寓教於樂的一部精采佳作。）

鹿特丹人依拉斯默斯謹向至交暨誼親約翰・弗羅班致意：

吾友摩爾是我一向鍾愛的作家，但是長久以來我總不能確定，這份偏愛會不會是由於我與他之間的濃厚友誼的關係。現今，我看到這麼多飽學之士竟然和我意見一致，而且比我更加讚賞這位超人的天才，並非因爲他們比我更愛他，而是因爲他們比我更瞭解他，我於是確認自己以往的判斷無誤，往後更會收起顧忌，大方地公開表達我對他的觀感。摩爾若曾有幸負笈義大利，以他天生過人的資質，必定能夠濡染浸潤當地文風傳

1　依拉斯默斯（Desiderius Erasmus）爲荷蘭學者，文藝復興運動的大儒。弗羅班（Johann Froben）爲瑞士巴塞爾人，印行《烏托邦》第三版，其子以依拉斯默斯爲敎父。

統，成就當更為他人所不及。又若果他一生專注於文學，隨著
時序推移，至今必已臻化境，猶如春華秋實之順當甜美。他在
髫齡之時以寫警句自娛，數量甚多。他在英國成長，除了兩度
奉君王差遣前往弗蘭德斯公幹，從來未曾旅遊海外。他在日常
生活中無法免除為人夫及人父的一般俗務。此外，他有公務在
身，更有執業律師無法規避的諸多業務上的要求。最為沉重的
負擔則來自繁忙的國家要事。我們猜想他連喘息的時間都沒
有，但是他卻有時間寫書，真叫人佩服。

　　隨函附上他寫的《警句習作》[2]和《烏托邦》。如蒙同意出
版，此兩書必能推廣至全世界，並且代代流傳。以弗羅班出版
所的聲譽，刊行的書必定會得到有識之士的青睞。

　　祝一切安好，並請代向尊岳翁、夫人及兒女致意。我們所
共有的兒子依拉斯默斯有幸生於書香家庭，願他能吸取其精
華，日有長進。

依拉斯默斯

1517年8月25日於魯汶

---

2 摩爾英譯希臘文的警句（epigrams），亦交付弗羅班出版。

博岱致盧普斯特[1]函

摯愛的盧普斯特：

　　你是青壯一輩中最飽學的一位，感謝你惠賜湯馬斯摩爾的《烏托邦》，讓我偷閒獲得一次娛情悅性的閱讀經驗。前不久，你力勸我做一件我也私心甚為歡喜之事：閱讀精通希臘文和拉丁文的名醫托瑪士‧林納可所翻譯，蓋倫所著的《談健康之道》的拉丁文版[2]。林納可的拉丁文造詣已臻化境，如果能把蓋倫所有的醫學著作（天下的醫學 知識盡藏於此）都譯為拉丁文，那麼醫科生就不需要孜孜於學習希臘文了。我匆匆瀏覽了林譯的手抄本（感謝你讓我留在手邊這麼長的一段時間）令我受益匪淺。如今你又不辭辛勞親自監督付印，正式的印刷本一定更有可觀。

1　博岱(Guilliaum Budé)為當時法國人文主義學者的領袖。盧普斯特(Thomas Lupset)是倫敦知名出版商。依拉斯默斯刻意將此一長信收入1518年巴塞爾版，主要考量博岱的名望，以及信中對烏托邦的虛構性所做的辯護。

2　林納可(Thomas Linacre)。蓋倫(Galen)為古希臘醫學的鼻祖，該套書英譯書名為 *On Keeping Oneself Healthy.*

前次之隆情尚未回報，如今又蒙厚賜《烏托邦》，由才情兼備、又通達人性事理的摩爾所撰。

我在鄉間忙於雜務，一刻不得悠閒。如你及眾人所知，過去兩年之間我一直忙於整理鄉下的房舍，督導工人的進度。摩爾這本書我一直帶在身邊，有空就翻閱。讀時沉浸其中，被烏托邦的種種習俗和制度所振奮，時或興起拋下房舍俗務的念頭。老實說，我曾經認真考慮不弄房子了，因為花在個人事務的精神與技術完全不具意義，只為了累積更多財富而已。

我們都看得很清楚，世間的人莫不為了追求財富而受苦，彷彿是與生俱來擋不住的欲望。我們不得不承認，一切政治和法律的專業訓練和運作，都是為了使人彼此鬥狠耍詐，完全不顧同胞國人或家族血親之間應有的責任義務。大家耍弄兩面手法，巧取豪奪、明爭暗鬥、鯨吞蠶食、霸佔偷竊，將別人的財產據為己有，有時利用法律的漏洞，有時則是透過立法，把非法變為合法[3]。

但是基督——天下財產的真正主人——留給門徒信眾的遺澤卻是類似畢達哥拉斯所倡，互利互敬與共有財產。聖經中記載，亞拿尼亞因為違背財產共有的律法而受死[4]，顯示祂的明確立場，基督徒讀到這則訓令，感覺當今世上所有人為的法律（包括多如牛毛的俗世法律，以及新近頒布的眾多的教會法律）都與

---

3 下文刪去三段。此信相當冗長，所刪部分為博岱個人意見之申論，顯現人文主義學者之修辭文采與雄辯氣勢，與正題關係不大。

4 畢達哥拉斯(Pythagoras)據稱曾倡行公社生活。〈使徒行傳〉5:1-5記載亞拿尼亞出售田產卻私下保留部分價款，遭到彼得申斥，隨即猝死。

之牴觸，不該存在。無奈的是，人間的法律卻自詡爲智慧的結晶，掌控著我們的命運。

但是，烏托邦這座島（我聽說又叫烏地波西亞[5]）據傳聞所說，在公私生活領域都確實奉行正信基督教的習俗與智慧，並且妥善保持至今，不使變質。他們努力維護三項不容侵犯的原則：國民之間有福同享有難同當（或稱無例外的公民權利義務）；珍愛和平心懷淡泊；鄙棄金銀。這三項原則猶如三面漁網，兜住一切狡詐騙術，使其無所遁逃。但願天上眾神能夠運用神力，把烏托邦人的這三大原則牢牢釘在世間人的心版上。如此，我們馬上可以看到驕傲、貪婪和無謂的爭鬥，以及其他種種被地獄火宅中的那位人類的公敵所操弄的致命武器，立時就會被摧毀。那些車載斗量的法律書籍，曾經宰制了如許之多的才智之士的心智，也會馬上化爲無用的廢物，只合給蟲蟻咬嚙裹腹，或者提供商肆小店充當包裝用紙。

難道烏托邦人盡皆聖賢，因此配享如此之福澤，使得所居之地是世上唯一貪婪不侵、邪念不得其門而入的國度，且能維持數百年而不墜？他們如此自信滿滿，卻如何還能同時保住公義和謙遜？但願天主也能以同等的厚愛，賜予世上其他奉祂聖名自稱，並且虔信祂的人們！這樣一來，戕害天下傑出心智的貪婪，勢將一蹶不振，曩昔農神統治的黃金時代便會重現。我們更可以斷言，阿惹杜斯和他的同期詩人所稱，公義女神已經

---

5 Udepotia.

捨棄人世，飛天遁居於星空[6]，根本就是錯誤。如果希適婁岱之
言可信，公義女神定居在烏托邦，並未升天。根據我自己的調
查，烏托邦的地理位置在我們已知的世界之外，在蓬萊仙島其
中一座之上，靠近依麗絲仙界的地方[7]。摩爾說，希適婁岱沒有
告訴大家確切的所在。烏托邦分隔成許多城市，但彼此團結合
作，構成一個整體，稱爲「聖潔人之城市」[8]，對於自己的習俗
和掌握的資源抱持信心，純真無邪，過著天堂般的日子。烏托
邦當然不在天堂裡，但是比起現下世界之污穢醜惡，不知超越
凡幾。世人之汲汲營營，看似奮進，實則恓恓惶惶、毫無建樹；
一切的一切正在急速猛烈地墜入深淵之中。

　　感謝湯馬斯·摩爾把這座島國介紹給我們。儘管他假托希
適婁岱，歸功於他的發現，其實是摩爾讓我們知道一則快樂人
生的示範，教導我們如何生活。如果說是希適婁岱規劃了烏托
邦的社會，建構它的習俗和制度，向烏托邦挪借並帶回給我們
快樂人生的真諦，那麼我們更要說，是摩爾的精準的文筆與他
的無礙之辯才，使得烏托邦的聖潔體制揚名四海。摩爾將「聖
潔人」居住的城市呈現得完美無瑕，足以作爲典範。他妙筆揮
灑，替這本至善之書添加了文采及威信，卻謙稱自己的角色僅
如一名文字工匠。此舉令人覺得，他似乎有所顧慮，唯恐希適

---

6 阿惹杜斯（Aratus）是公元前三世紀的希臘詩人。據他所稱，公義女神
　升天遁世，化為處女星座（Virgo）。
7 蓬萊仙島（the Fortunate Isles）和依麗絲仙界（the Elysian Fields）皆為神
　話中英雄和聖賢死後靈魂所居之地，為永恆樂土的象徵。
8 Hagnopolis, 亦英譯為City of the Pure或City of the Saints.

婁岱控告他掠其之美,挺身而出,以他自己的筆重寫他的經歷,阻擋摩爾擅自搶先一步摘下榮譽的蓓蕾,收割名聲的麥禾。他害怕,自願留居烏地波西亞的希適婁岱有朝一日回轉,會大為憤怒不平,發現已遭摩爾剽竊名聲之果的汁肉,只留下他棄而不要的果皮。德智兼備之士如摩爾者,正有這樣的焦慮。

摩爾的聲名遠近知曉,自然不愁缺少威信,但是我之所以深信他所寫的故事,更由於安特衛普人士彼得‧翟理斯[9]的證詞。我尚未得見其面,不便推崇他的學識與人品。我敬愛他,因為他是依拉斯默斯的摯友。依氏是當世菁英,於各宗教與世俗之學鬥貢獻極大,是我書信往來多年的好友。

摯愛的盧普斯特,後會有期。見面或寫信時,請儘快代我向林納可問好。他是英國學者的典範,法國人也覺得與有榮焉。他造訪巴黎時令我的朋友感到異常欽佩,我也會永遠看重他的學問、治學精神,以及他的意見。

通信或見面時亦請代我向摩爾致意。我早就認為,也一再表示,他的姓名應該登載於岷諾娃[10]的榮譽榜上。現在我更敬愛他,為了這本新世界島國烏托邦的著作。不論是今天或是未來,這本書都是良善體制的育成苗圃,提供確實可行的做法,給我們的社會參考利用。保重。

博岱

1517年7月31日於巴黎

---

9 翟理斯(Peter Giles)為當時知名學者,與摩爾及依拉斯默斯交往甚密,在安特衛普擔任公職,亦精通貿易。

10 岷諾娃(Minerva),羅馬神話中的智慧女神。

烏托邦讚詩兩首

一、以下六行之烏托邦島讚詩由亞尼模留斯[1]所撰。亞氏是桂冠詩人，也是希適婁岱的外甥：

舊時世人稱我「烏有地」，因我遺世獨存；
如今世人將我比埒柏拉圖的理想國，或更勝一籌，
因為柏氏僅止紙上談兵，我卻具備
斯土斯人、才具方略，以及最好的法律。
現在世人稱我「樂土」，
眞是實至名歸。

二、以下四行詩以烏托邦文寫成[2]，譯文如下：

---

1 亞尼模留斯（Anemolius），希臘文意「多風的」、「空談的」或「吹噓的」。此詩假托亞尼模留斯所作，參雜實話虛言，作者不詳。
2 此詩以及烏托邦文字（見本書頁xxi圖）皆為瞿理斯所杜撰。烏托邦文與拉丁文和希臘文甚為相近，又有文法軌跡可循，顯係精心費時之作。

烏托帕斯將軍創造了我，從無到有。
我不識哲學為何物，卻是世上唯一的例子
向世人展示哲學家的理想國度。
我誠心與人共享自己所有，也真心接受別人的恩賜。

翟理斯致卜茲萊頓[1]函

卜茲萊頓閣下：

　　數日前，湯馬斯·摩爾這位眾所公認的當代奇士送我一本他所著的《烏托邦島》。烏托邦至今才引起注意，但是確實遠勝柏拉圖的理想國，值得大家多多瞭解。更令人稱奇的是，作者的文筆如此鮮活有力，讀之猶如觀賞一幅畫作，讀其文如歷其境，而非僅只平鋪直述。我數度捧讀，都覺烏托邦活躍紙上，生動如真猶勝聽聞希適婁岱的口述（當時我就在摩爾身旁）。

　　希適婁岱的確是說故事的能手。他並不是把道聽塗說之事重複一遍，而是把他住在彼邦多時親眼所見的一切，描繪出來。據我的判斷，我敢說拉斐爾見過的世界、人民和風俗習慣，比尤里西斯的經歷更要多采多姿。他在這方面的經驗可能是過去八百年來的第一人，即便是韋士普奇[2]這位探險家也要自嘆弗

---

1 卜茲萊頓（Jerome de Busleyden）為法王查理的重臣，傑出的政治家。
2 韋士普奇（Amerigo Vespucci）為義大利航海家，曾三度航至美洲大陸。America即由其名而來。

如。由於親身經歷，拉斐爾的故事比起二手轉述當然來得精采，
另外一個原因還是因為他說故事的天分。

摩爾用筆再度描繪烏托邦，令我彷若再度目睹此邦，感動
極深，好像生活其中。天曉得，拉斐爾住了五年，在那裡的體
驗恐怕還不及摩爾筆下所寫的多。書裡寫了這麼多奇事，真叫
人難以舉出一個特別的例子來說。我必須強調摩爾超凡、絕對
可以信賴的記憶力，能夠過耳不忘，一字不差地覆述他聽到的
事；另外，摩爾聰明過人，完全明白一般人所不察的社會亂源
之所在，以及未來的改革遠景；再者，他的文字穩健有力，又
兼備拉丁文的澄澈、活潑的風格，以及豐富的內容。這些特色
出於一個平日公私兩忙的人，更叫人佩服。我說，飽學的卜茲
萊頓，以你和摩爾的交情，你自然不感訝異，必定早已認識到
摩爾超乎常人，近乎聖賢的才智。

摩爾說不出烏托邦島的位置，似乎頗為尷尬。拉斐爾雖無
意隱瞞，但是只輕描淡寫帶過，好像打算留待他日細說。那天，
拉斐爾正提到這點之時，摩爾的僕人進房來在他耳邊低聲說
話。當時我加倍豎起耳朵聽著，但是在座某君可能感染海上風
寒，大聲咳嗽，以致我沒聽清楚拉斐爾說些什麼。但是，我決
意要問清楚這座島的位置，再來告訴閣下它的大略地點，甚至
於精確的緯度——但願我們的朋友希適婁岱依然健在。外面傳
說他的遭遇，人言言殊。有說他在旅途亡故；有說他安抵家門，
之後卻因無法忍受家鄉的生活狀況，又加以懷念烏托邦，而致
無法安居家中，因而再次離家前往烏托邦。

你或許不解，為何此島在任何地圖上都找不到。希適婁岱

卻有合乎情理的解釋。他說，可能古人所採用的地名後人已不用，另取新名；也有可能前人可能完全不知道該島的存在。近年來新的島嶼一一出現，從前製作地圖的人並無所悉。總之，摩爾的話就是最佳的保證，實在沒有必要另外多事，去辯護這則故事的真實性。

摩爾確實猶豫不決，是否該將烏托邦的故事出版。我認為這份猶豫是出自他的謙遜，值得嘉許。這本書萬萬不應封存暗處，相反地，最值得公諸於世，也最適合由你向世人推薦。你最有資格評斷摩爾的品格，也最有資格發表經世治國的讜論。多年以來你是國君陛下的諫士，智慧與人格備受景仰。謹向閣下——學識的守護人以及當世的珍寶——致敬。再會。

瞿理斯

1516年11月1日於安特衛普

摩爾致翟理斯函[1]

摯愛的彼得翟理斯：

　　我給你這本不起眼的烏托邦國的小書，真覺得汗顏。當初你一定想，至多六個禮拜就可以寫好了，我卻花了將近一年的時間。特別是，這件工作不需要費力尋找資料，更不需要為行文的起承轉合傷腦筋。我的工作只是把你和我從拉斐爾·希適婁岱那兒聽到的做個實錄而已。甚至文字都不需修飾。讓希適婁岱談吐文雅，那就失真了。他當時並未事先準備，沒有翻看筆記，而且你也知道，他的拉丁文遠遜於他的希臘文造詣。因此，我的散文文體愈接近他的隨性樸直的口吻，愈能忠於原味。我唯一看重的是忠實呈現，其他的都無所謂。

　　摯愛的彼得，我必須坦承，這本書幾乎是現成的，我出力的地方很少。先不說是不是適才夠格，設若需要我獨立構思和編排材料，一定會耗掉我不知多少的時間和精力。此外，如果

---

1 此信在四個拉丁文版本均有收錄，稱為「序言」。

還要顧全內容的忠實和文體的穩健，那就根本不是我能力所及，花再多的時間和力氣也是枉然。所幸這些都不是問題，確實省去我不少汗水。我的工作只是據實轉述，再簡單不過了。

但是，由於被其他的事情纏住，片刻不得空閒，即便這麼簡單的一件事情，我也幾乎做不完。法律的相關業務佔去我全部的時間，有時代表客戶出面，有時調解爭端，不是被指定擔任仲裁角色，就是在法庭上必須裁決案子。業務所需，或由於人情，我得外出訪人。我整日在外忙著別人的事，只有一日將盡之時才得空處理自家的事。留給自己閱讀和寫作的時間幾乎沒有。

即便回到家中，我得和妻子聊聊家常，逗弄孩子，交代僕役。這些都是瑣碎雜事，但是絕對要做，除非你心裡有所準備，在自己家中淪為一介陌生人亦無所謂。總之，人人都有義務和一起生活的人和睦相處，不論是因為血緣或者人為關係，或者只是萍水相逢。當然也不宜寵溺妻小或者放縱僕役，以免反客為主。如此這般，我受困於種種的束縛，眼睜睜看著日子溜走，幾天、幾月，終至一年。

我有時間可以寫東西嗎？何況還要睡覺。這件事總要佔掉人生的一半時間吧！還要飲食，這件事對許多人而言，可是和睡覺一樣重要。我能用在自己身上的時間只有從睡覺和吃飯偷來的一丁點，也因此無論做什麼事難免拖延甚久。這一丁點的時間卻也足夠讓我在痛苦中有所收穫。

摯愛的彼得，我終於要把我的《烏托邦》送給你，請你惠予一讀，如有發現遺漏不全之處，也請不吝賜正。我懷抱相當合理的自信，會讓你詬病的並不多。我並不是特別聰穎或博

學，但是記憶力甚好。當然，我也承認偶爾犯錯，在所難免。
當時和我們一起的我的徒弟約翰·克里孟[2]，你還記得吧（我總
希望他能多多聆聽有益的談話），他的希臘文與拉丁文進步神
速，有朝一日必定會讓我感到欣慰，對他的教育沒有白費。簡
單的說，他令我甚感憂心，不知自己究竟有沒有記錯。我記得
希適婁岱說，艾默若城中橫跨焉你得河上的那座橋有五百碼的
長度。但是吾徒約翰卻說是三百碼長，而艾默若這段的河面只
有三百碼寬。你的記憶呢？如果你記得的和他一樣，我會認錯
改正。如果你不記得了，那我就保留不改，但會說明是憑我個
人的記憶。這樣子做的用意在於確保書中所說無一謊言。如果
有任何疑點，我寧可是出於無心之過，也不願意故意打誑：寧
取坦率，不取機巧。

注意「謊言」
和「誤傳」
在神學意義
上的差異[3]

　　其實，你可以解決我書中的疑點，只要問問拉斐爾就可以
了，見面或寫信都行。這件事你一定得做，因為我還有另外一
個無法處理的難題，不知該怪自己、怪你，或者怪拉斐爾。我
們忘了問，他也忘了說，這個新世界的烏托邦究竟上哪兒去
找？我預備花重金來尋找答案。說來慚愧，寫了這麼多關於這
座島的事，卻連它在哪一個海洋裡都不知道。再者，英國這頭
有幾位人士急著想渡海到烏托邦一遊。其中最熱衷的是一位虔
敬的神學學者。他的動機不在於看熱鬧的新鮮事，並非出於愚
蠢的好奇，而是想前去宣揚基督教，使它在當地初萌的苗木更

2　克里孟（John Clement）日後成為知名的醫生。
3　此信之眉批以及《烏托邦》全書眉批據信是瞿理斯所加。

加茁壯。為了謹慎將事,他打算先行取得教皇的委任,盼望奉派為烏托邦的駐地主教。他如此毛遂自薦並不覺得羞報,因為他相信此乃出於宗教信仰,動機並非私心或私利,而是傳教的熱忱。

無私無我的志業!

我懇求你,彼得,去聯繫希適婁岱。如果他還在城裡,你就親自跑一趟吧,否則就寫封信給他。同時也請你代為校訂這本書,看看有沒有錯誤或遺漏之處。最好也把書給他看,他最有資格指正書中的錯誤,一定要先讓他看到書才行。這樣子你就會曉得他是喜歡還是討厭我寫了這本書。要是他想親自動筆寫他自己的奇遇的話,就不會願意我的這本出版。我很盼望世人都知道這座烏托邦,但雅不願掠奪他的機會,畢竟原創者寫自己的故事會更有興味。

說真的,我還沒有決定是不是要出版這本書。天下人的品味各不相同,許多人個性乖張,好以自己的知識批評別人,又兼冥頑不靈。想到這點,令人覺得何必吃盡苦頭去出版一本說是教育性或娛樂性的書,而實際上卻只落得招惹別人的輕蔑。倒不如天天愉快過著平順的日子,還比較有道理。天下懂得寫作的人少,鄙視寫作的人多。無知之輩排斥嚴肅、有深度的東西;多烘學究獨喜滿紙陳腔濫詞,否則視為淺薄。有人只讀古典老書,有人卻只讀自己寫的。道學之人聽不得笑話,平淡無趣之人則禁受不住辛辣的機鋒。某些人讀到諷刺文章必生恐懼之心,就像遭瘋狗咬過之人對水極端害怕。另外一些人就是搖擺不定,上一刻坐在椅子上的時候喜歡這樣,下一刻站起身來的時候又變成喜歡那樣。

諷刺文恐懼症

　　這些各不相同的人士流連在酒肆之中，在微醺半醉之際，月旦寫作之人的高下。討厭某些作者，不必有理由，就把他的作品批評一番。他們說話大大地有權威，氣焰之盛猶如惡霸之欺凌病漢。他們自己則絕不出版東西，以免傷害自己：既然要扔石頭，就別住在玻璃屋裡。這些人從頭到腳徹底油光滑亮，別人休想扯住他們一根寒毛。　諺語如是說。

　　有些人毫無感恩之心，即便愛讀一本書，卻未必也愛它的作者，像是一群惡客，在主人席間吃撐了山珍海味，臨別之時卻吝惜一句謝詞。我想，一個人花錢請客，當然希望客人具高品味又挑剔，但是也希望他能念在一飯之情，記得道謝。　妙喻。

　　總之，摯愛的彼得，問問希適婁岱的看法吧。之後，如果我想改變主意，不出版了，也還來得及。但是，如果他沒有意見，那麼到時書稿一切就緒，就算我自己突然開悟，不出書了，屆時如箭在弦，也不得不發。與出版相關的事宜我便唯有依賴諸位好友的意見，尤其是你的。再會了，彼得‧瞿理斯，最親愛的朋友。代向賢夫人問好。希望你能如往昔般地愛護我。我對你的情誼是與日俱增。

摩爾

〔1516〕

烏托邦

1518年第三版所附烏托邦木刻圖，出自

畫家Ambrosius Holbein（1495-1519）之手

第一部

臻於至善的國家

由奇人拉斐爾・希適婁岱口述
並由不列顛首府倫敦市民暨副司法處長[1]
名聞四方的湯馬斯・摩爾實錄

---

1 副司法處長（undersheriff）一職類似法官，審理倫敦市民日常的大小訟
  案。摩爾自1510年起被選任該職，以廉正為人稱道。

　　舉世無匹功勛卓著的英王亨利八世邇來與最爲尊貴的卡斯
蒂亞王子查理，就某些重大事項意見有所扞格 [2]，於是差遣我前
往弗蘭德斯，代爲商洽議決。與我同行共事的是眾所景仰的喀史
伯・湯士奪 [3]，剛受吾王任命爲主事官，深得民心。我不擬在此
對他多加讚詞，並非擔心美言出自知交之口容易遭人質疑，而是
因爲他的品德學識人盡皆知，不僅毋需贅言，更非我的拙筆所能
描述——否則豈不應了俗諺所說，有如「打著燈籠找太陽」？

諺語

　　依早先的安排，查理王子所指派的諸位君子和我們在布魯
日會面。對方以布魯日市長爲首席代表，但是實際負責發言和
決策的是喀撒鎮長閃昔基 [4]。這位先生天賦辯才，復經良好訓
練，精通法律，擅長外交事務，能力與經驗俱足。我們會商數
次之後，某些議題仍舊懸而難決，對方於是休會數日，返回布
魯塞爾聽候王子的指示。

　　在此同時，我趁便前往安特衛普洽公。有數位朋友前來探
訪，其中最令我欣喜的便是彼得・翟理斯。他是在地人，聲望

2　亨利八世於1509年即位，年僅十七，年少氣盛好征戰。卡斯蒂亞
　　(Castile)王子查理(1500-1558)即日後神聖羅馬帝國皇帝查理五世
　　(1519-1556)，此時仍爲西班牙卡斯蒂亞王國王儲。亨利和查理兩人
　　爲荷蘭進口貨物稅有所爭執，查理視荷蘭爲其政治經濟勢力範圍，
　　亨利爲擴大其海外貿易勢力以此議題作文章，並以停止對荷蘭輸出
　　羊毛做爲威脅。布魯日(Bruges)位於今日比利時西北部。

3　弗蘭德斯(Flanders)爲舊日歐洲一個國家，位居今日比利時與法國北
　　部。喀史伯・湯士奪(Cuthbert Tunstall, 1474-1559)是此次特使團團
　　長。

4　閃昔基(George De Themsecke)是查理的重臣。喀撒(Cassel)位於今日
　　法國北部。

崇隆，位居要津，名實相符。依我所見，這位年輕人的學識與
人品無分軒輊。翟理斯有教養，品德高，待人謙和，與知己友
人相處便可見出他的坦率、友愛、忠誠和懇切的性情。普天之
下對待朋友在各個方面皆能如此，恐怕也唯有翟理斯一人。他
謙遜但不矯態，樸拙但又充滿智慧，無人可出其右。他的口才
便給機智，但無惡意，和他說說談談，令我深覺舒暢，沖淡許
多行旅在外四個月，我對家國妻小的殷切想念。

　　某日我去到安特衛普最美麗、信眾最多的聖母堂，望畢彌
撒，正要回返住所，此時無意中見到翟理斯正與一位陌生人交
談。此君頗有歲數，皮膚因日晒而黝黑，蓄長鬚，外袍寬鬆地
搭在肩上。由臉龐和衣著判斷，他應該是位船長。彼得看到我，
迎向前來打招呼。我正要回禮，他卻把我拉到一旁，指著那位
方才一起說話的男子，告訴我：「你看到那個人嗎？我正要帶
他來和你相識。」

　　「因為是你引介的，我一定樂意相見。」我這樣回答。

　　「也因為是他本人的緣故，」彼得說，「你不知道，當今
之世，對於異域風土人情如此精熟，他可是第一人。我很知道，
你向來對這方面的知識求之若渴。」

　　「這麼說來，我的猜想沒有錯，方才乍見之下便覺得他是
一名船長。」

　　「你倒也沒有完全猜對，」彼得回道，「他不是帕里諾魯
士之類的航海人，而是比較像尤里西斯，甚至柏拉圖 5。此君

5　糊塗水手帕里諾魯士(Palinurus)替伊尼亞斯(Aeneas)掌舵，值勤時

名叫拉斐爾,姓希適婁岱,熟知拉丁文,更精通希臘文。由於
志在哲學,他對希臘文用功勝過拉丁文。他深知在哲學的領域,
羅馬人留傳給後人的除了西尼卡和西塞羅的若干著作之外,別
無可觀者。他受到一股熱忱所驅使,急欲探索世界,便把繼承
的祖產轉贈數名胞弟(他是葡萄牙人),離家加入韋士普奇麾下
[6]。韋氏先後四次海外探險,他隨行三次。這些航行的紀錄如
今已是坊間普遍的讀物了。最後一次航行回程時,希適婁岱並
未隨隊回國。經他連番懇求,說動韋氏允准他和其餘23人留駐
航程終點的一座碉堡。如此自請流放邊陲,對他而言再愜意不
過。他在意的是浪跡四海,而不是壽終正寢。他常說:『無葬
身之地的人,天空就是他的棺槨』;又說:『不論自何處出發,
通往天堂的路都是一樣的距離。』話雖如此,但是設非上帝的
眷顧,這樣的心態可會叫他吃大虧。韋氏率大伙離去之後,他
和五名同伴自碉堡出發,遊歷了數個國家。最後,因緣際會,
他路經錫蘭到達加里各,巧遇若干葡籍船隻,如此這般出人意

警世良言

(續)───────

　　打瞌睡落海而亡(見*Aeneid* 5: 832ff)。尤里西斯(Ulysses)為精明機靈
　　的旅人,流浪十年終返家園。希適婁岱(Hythloday)一字為摩爾所創,
　　結合希臘文兩字根*huthlo*(nonsense)和*deien*(peddler),意為「瞎掰扯
　　淡之人」。拉斐爾(Raphael)為聖經中天使長之一,性情溫和親切,
　　職司教化。摩爾結合以上典故,用以塑造希適婁岱溫良睿智且閱歷
　　豐富的多重正面形象。

6 西尼卡(Seneca)和西塞羅(Cicero)為公元一世紀前後的政治家與哲
　　人。韋士普奇(Amerigo Vespucci, 1451-1512)為義大利人,數次海外
　　航行皆由葡萄牙國王贊助。摩爾此處所述第四次航行有24人未隨隊
　　返國,係根據時人所寫關於韋氏海途探險事蹟*Quattuor Americi*
　　*Vespucci navigationes*一書。

表地終於回返國內。」

彼得說完了這番話，我謝過他的美意，請他介紹這位先生給我認識，期待我能與他交談得益。我於是轉身走向拉斐爾，初次見面，寒暄問候一番之後便邀至我的住處一敘。三人坐在園中舖蓋著青翠草皮的木製矮壇上談將起來。

拉斐爾告訴我們，韋士普奇走後，他和一同留駐碉堡的同伴們與在地居民見面，逐漸取得他們的好感，不多時雙方交情日深，和睦共處，當地王爺也對他們多有恩寵（我已不復記憶這位王爺的名諱和他的國家的名稱）。拉斐爾說，王爺提供他們一伙人豐富的糧食和交通工具，有水路用的木筏以及陸路用的篷車。此外，王爺也派遣一名優秀的嚮導，將他們引薦給途中經過的國度的王爺們。旅途跋涉時日漸多，他們得識許多城鎮及國家，皆為人口稠密及治理甚佳的所在。

當然囉，赤道以南和太陽以此中線為基準上下移動的範圍之內有龐大空曠的沙漠，永遠受熱煎烤，整個地帶乃寂寥不毛之地，窮惡不馴，猛獸毒蛇盤踞，出沒於此的人類也同樣兇狠蠻橫。但是，離此愈遠，萬物愈是溫和，太陽不復熾熱，大地愈益蒼翠，禽獸也愈馴良。最後則見到百姓和市鎮，彼此和近鄰之間有買賣交易，甚且和遠方的國家亦從事海上和陸上貿易。自此以後他們得以隨意造訪不同的地方，航行所到之處一伙人眾無不受到歡迎。

拉斐爾說，他們初時所見的船隻都是平底的，船帆的材料有莎草、蘆葦或柳條經縫接而成，亦有皮製者。愈往前行，則見V型龍骨船底和帆布做成的帆，與我們所用的完全相同。水

手們並非不擅掌控風向和水流;但是,根據拉斐爾所言,他們
對他萬分感激,因爲拉斐爾教導他們使用羅盤。在此之前,他
們每次出海必心生膽怯,而且只敢在夏天出航。如今他們對這
個磁石所做的物件具有無比的信心,冬天也不懼怕出海。這樣
的想法恐怕失之輕忽,招致危險。他們率爾堅信此物的優勢,
不免會惹來禍端。

　　要一一複述拉斐爾在各個不同地方的見聞,將會十分費
時,也不是這本書的目的。這些見聞當中能夠啓發吾人心智
者——尤其是他在文明的國度裡所目睹的審慎開明的政府措
施——我想留待他日敘述。我和彼得二人頻頻詢問他此類問
題,而他也一一詳盡回答。我們唯獨不問妖孽怪獸之類天方夜
譚的幻想。坊間刊行的盡是西拉女妖、食人鳥色雷伊諾、食人
巨怪勒史垂哥[7]的兇殘行徑,卻鮮少描述優秀睿智的國民。拉
斐爾提到這些鮮爲人知的國家某些不盡妥當的措施,但也提到
甚多足堪我們的城市、國家、民族和王權體制借鑑,據此興利
革弊的一些習俗。這些留待他日再談。現在我想只談他所提及
的烏托邦人的典章習俗,先從我們當時如何進入烏托邦國這個
話題開始。拉斐爾當時正在深入分析那邊與這邊的缺點(兩邊
都各有不少),以及雙方各有的優點,論斷精闢,嫻熟當地事
事物物,彷彿世居當地者般。彼得大爲懾服。他說:「拉斐爾

7　西拉(Scylla)爲希臘神話中的水澤仙女,後來變爲六頭水怪。色雷伊諾
　　(Celaeno)是一種凶猛的食人鳥,面容似女人。勒史垂哥(Laestrygonians)
　　爲食人巨怪。三種怪物皆曾寫入荷馬的《奧德賽》,亦爲文藝復興
　　初期海外探險誌的常見題材。

老兄，你不願入朝任職確實讓我訝異，天下的王侯莫不想得到如你這般的人才而用。你滿腹的學識和才華與周遊多國的見聞，必定能讓王侯大感愉悅，而你的勸諫和諸多的例證也一定能在諮議的場合發揮效用。如此一來，不但你本身能平步青雲，也能提攜所有的親朋好友。」

「對於我的親朋好友我一無牽掛，」拉斐爾回答，「因為我自認已經善盡對他們的義務。我在年輕強健之時已經把財產分散親友，而多數人卻是面臨老朽之際，於不得已之際，才萬分不捨地放棄身外物。親友們得我餽贈，應已滿足，而不該堅持或期待我為了他們的緣故為五斗米折腰，去曲意奉承任何君王。」

「話是不錯，」彼得說，「但是我並非要你去奴顏侍奉君王，而是希望你去奉獻才能為他效勞。」

「兩者之間的差異只在一個音節。」[8] 拉斐爾回答。

「好吧，」彼得說道，「但是，不管你怎麼看待這件事，我還是認為唯有入朝當差，你才能夠成為對朋友和對一般大眾有用之人，此外你也能讓自己更快樂。」

「那可不！」拉斐爾說，「如此與我的心性相悖的生活方式如何能使我的日子更快樂？目前的我隨性自在地過日子，而據我猜想，少有在朝當差的顯赫朝臣敢如此誇口。事實上，現今逢迎拍馬之人多如過江之鯽，我輩之人可有可無，無關痛癢。」

---

8 拉丁文*servias*（效勞）和*inservias*（被奴役）只有一個音節之差。

　　聽他這麼說，我便表示：「拉斐爾老兄，顯然你志不在財富權勢。這樣的志節比諸權貴之人毫不遜色，令我敬佩讚賞。但是，如果你能奉獻才智精力造福大眾，即便違背你的心意，豈不更能彰顯你的高風亮節？投身效力某位偉大君王，懇勸他施行仁政。庶民百姓之禍福全繫於君王之仁德或殘虐，猶如河川之出自潺潺不斷的源頭。你飽讀經書，閱歷廣博，二者只要奉獻其一，便可為能臣，給予任何君王莫大的助益。」

　　「摩爾兄，你這可犯了雙重的錯誤，」拉斐爾說，「不但錯估了我，也錯估了情勢。我並不具備你所說的才幹。即便我身負一流的才幹，捨去淡泊冥思的日子，換來忙碌和奮進，對於大眾也不致有絲毫貢獻。首先，多數的君王熱中戰爭之霸道，而非和平之王道。他們所好者，非我之所長，亦非我之所喜。他們總是汲汲營營於攫取新的領土，不擇手段必竟事功，卻完全不思合理統治既得之領土。此外，朝中諸大臣已然個個饒有智慧，又何需採納或考量旁人的建議——至少他們自己作如是觀。他們只去阿諛君王的寵臣，附和此輩荒謬至極的言論，但盼攀附其勢，為自己謀求君王的好感。天下之人皆視自己的創見發明為最珍貴：烏鴉愛其幼雛，猿猴寶其幼獸，絕不以為醜惡。在一個人人自戀而嫌惡他人的朝廷之中，設若有人提起他的閱歷，在書上讀到或在他地目睹的習俗，聽者馬上覺得自己智者的美名受到侵犯，為免被視為呆瓜，必定大肆挑剔此人的意見。這樣的反擊如果不奏效，他們以退為進，便說：『我們的做法是老祖宗時代傳下來的，好得緊呢，老祖宗的智慧是我們沒得比的。』發表如此高論之後他們便端坐在位子上，儼然

已有定見，那便是：『有誰敢冒大不韙，竟然自視比老祖宗聰明？』其實，擱著這樣的人物不去搭理，也不致有任何損失。只是，他們的言論如果能略知收斂，我們自也樂意以崇古爲藉口，即刻奉行不悖。如此傲慢、頑固和荒唐的說詞我見識過數回，其中一次居然是在英國。」

「嗄？」我驚叫一聲，「你到過敝國？」

「是，我住了幾個月。就在康瓦耳郡暴民叛亂事件之後不久[9]。坎特伯里大主教暨樞機主教約翰·摩頓[10]對我照顧有加，令我十分感激。他當時兼爲英國首相。我告訴你，彼得老兄（摩爾很清楚我下面要說的話），這位摩頓先生術德兼備，名望崇隆，人人景仰。他身材中等，雖有了歲數但體態挺直，望之儼然，但即之也溫。與他交談，但覺莊重嚴肅，不咄咄逼人。有人向他請願，他總愛厲聲問話（但不帶惡意），以測試他們的膽氣與專注。他喜歡發現具有膽氣且專心致力的人，而這兩種品格正是他自己的特質：有勇有謀，但不放肆無狀。他認爲這種人最適合從事實務工作。他的言辭洗鍊精要，法律知識淵博，行事通情達理，記憶力過人。總之，他天性聰穎，加以後天的學習與歷練，已臻精純的境界。我在英國停留期間，見英王對他倚重甚深，種種公共事務似乎都以他爲領導。他年少方出校

---

9 1497年康瓦耳（Cornwall）人集結倫敦，抗議亨利七世的苛捐雜稅，遭官兵鎮壓，死亡人數據說達二千人。

10 John Morton（1420-1500）是位傑出的教士和政治家。摩爾曾在少時依貴族人家的傳統在摩頓府中擔任童生，學習應對進退及公眾事務，為時兩年。摩爾對這位樞機主教景仰有加，在所著*The History of King Richard III*中對他亦有類似此處的讚詞。

門就被延攬入朝，此後一直參與國家大事，數度大起大落，在急難之際學得應對排解的智慧，這樣的修爲由於得來不易，故也銘刻心中不易失去。

關於憲法　　某日我與他便餐，在座一位嫻熟英國法律的方外之人[11] 提及英國處置竊賊的嚴刑峻法，對此大加讚揚。他說這條法律舉國奉行，某地執行絞刑的記錄有一日高達二十起者。他接著表示詫異，既然重刑下甚少有僥倖者，但又爲何各地前仆後繼仍有如此眾多的竊賊。在摩頓樞機主教面前我直率地發表看法。我說：『這樣的情況乃是必然的：懲戒竊賊量刑如此之重，實在已經超出司法的量度，但是對大眾毫無益處。刑責太苛，卻達不到嚇阻的目的。單純的竊盜案不涉暴力，其罪不應至死，同時，再重的刑罰也無法遏止饑寒無以度日的人鋌而走險。在懲治竊賊這件事上頭，英國以及其他不少國家的做法都在仿效

如何減少竊　不稱職的教師，毒打學生甚於教導學生。竊盜罪的處罰如此嚴
賊的數目　　厲，犯者因饑寒而起盜心，並爲之送命，但是解決之道卻在於使得人人能夠謀生餬口。』

『噢，這點我們已經做到了，』此君如是說，『我國的國民可以務農或經商，有生計卻還要貪財行惡，那可就是自作孽了。』

『不是這麼容易就能解決，』我說，『譬如那些在海外作戰或在內戰之中受傷成殘的除役軍士，比如新近從康瓦耳戰役

11　在摩爾的時代，律師幾乎皆有神職背景。但因以下此人所言皆為謬論，摩爾是以刻意說他是方外人士，以免玷辱教會的清譽。

或從貴國和法國的戰事[12] 返鄉的人。這些人或為公眾福祉或為效忠君王從軍作戰而致肢殘，無法重拾舊業，復因年紀老大而無力學習新的技能。他們的困境顯而易見。但是，戰爭僅是偶一突發的，是以我們暫且略過不談這群戰爭的受害者，先來談談每日例常發生的事。許多貴族終日無所事事，像雄蜂一般，依賴旁人的勞力度日，卻一再提高佃農的租賦，榨乾他們的心血（這是貴族們唯一懂得慳吝計較的時刻，其餘時候則一逕浪擲千金，家產敗盡亦在所不惜）。此外，他們身邊無時不簇擁著一群閒散的家臣奴僕，於謀生之道一竅不通，一旦家主棄世，或者自身染患疾病，馬上遭到掃地出門。爵爺們寧可豢養閒人食客，卻不願收留殘病之軀，而孤哀少主乍然繼位，亦往往無力維持父輩舊時的排場。被逐出門牆的下場除了偷竊，只有挨餓，此外是一籌莫展。浪跡江湖日久，形容憔悴，衣色暗淡，等到枯槁襤褸之際，自是難以另覓新主。鄉里之人對此輩人物更是避之唯恐不及。他們深刻體會，平日貪逸享樂、身配刀劍耀武揚威之人，皆是眼高於頂，豈會將鄰閭百姓視為平等？這樣的人不能荷鋤勞動，更遑論為了有限的工資及三餐溫飽而為窮人僱主勤謹工作。』

　　『我們應該特別嘉勵這些人才是，』律師說，『因為遇有戰爭，我軍的作戰力全都仰賴他們。他們的膽氣和情操是工農階級所沒有的。』

　　『那你何不乾脆說，由於戰爭所需，我們應該去嘉勵竊

12　亨利八世於1512年至1513年間曾數次出兵法國，英軍傷亡頗重。

賊？』我這樣回答。『閒散的家臣到頭來必定會淪為竊賊。竊
賊上了戰場一樣很會拼鬥，而軍人的貪婪行徑又何異於盜匪？
兩者無甚差別。但是，這樣的問題並不只存在英國。這是各國
的通病，在法國情況更是險惡。即便在承平時期（如果有所謂
承平時期的話），法國全境摩肩接踵盡是外籍傭傭兵[13]，被僱
來粧點門面，和貴國豪門豢養僕臣的理由相同。那些自視聰明
的蠢蛋以為國家安全得靠強盛的軍隊來維持，由資深軍人組成
乃是上選，因為年輕生手不可靠。這些蠢蛋尋找藉口製造戰
爭，如此便可以募集戰場老手。沙場上血光劍影，不知所為何
來──或許只因如索拉斯特[14]說的，以免「技藝日疏而心志漸
頹」。法國已經學到教訓，嚐到飼養這幫禽獸的苦果。羅馬、
迦太基、敘利亞和無數其他國家也嚐到一樣的苦果，在它們的
歷史上不只一次政府、田地和城鎮被自己的常備軍人推翻。從
另外一方面來說，平時的備戰實在是多餘的：英國人每遇戰事
所臨時徵集的兵士，即便是自鬢齡時期即接受軍事訓練的法國
軍人都不是對手[15]。關於這點我不擬多言，以免有阿諛在座某
公之嫌。這麼說吧，英國不論城裡的工匠或者鄉下的耕農（除

常備軍之為
禍患

---

13 十六世紀法國與外國戰爭頻仍，兵力依賴外援，所僱傭兵多來自瑞
    士與德國兩地。

14 Sallust(86-34?B.C.)為古羅馬歷史學家。引句出自其作 *Bellum Catilinae*
    第16章。

15 英法兩個民族在歷史上戰爭不斷，英國贏多輸少，素以自己的子弟
    兵為豪，認為遇有戰事方行徵召的英軍來自鄉間和市井，剛悍強健，
    孱弱的法軍恆非對手。距離摩爾寫作時最近的一次英法戰役發生於
    1415年，亨利五世於阿琴科(Agincourt)大敗法軍。

了體弱力衰和赤貧喪志者之外），面對那些群居終日遊手好閒的僕從家臣並無懼色。因此，你不用擔心這幫曾經虎虎生風而今耽於逸樂而致氣勢不再的人，會因為學習勞動技藝自力謀生而失去戰鬥的力量。無論如何，為了應付戰爭這種突發的事件而在平日養了一群數目龐大的人來騷擾安寧，實在不是大眾之福。戰爭是一種抉擇，不是必然之物。人的首要考量是和平而非戰爭。竊賊猖獗也並不完全由於戰爭。對英國人而言，另有一個特別的原因。』

『願聞其詳，』樞機主教說道。

『我聽說，你們所畜養的羊不復平素溫馴節制，如今成了貪婪兇狠的吃人獸，蹂躪田野、房舍和城鎮。牠們長出的毛輕柔價昂，使得貴族、鄉紳和僧院中的聖人方丈不再滿意名下土地以往所帶來的地租收入。以往安逸奢侈而於社會毫無貢獻的日子已經索然寡味。他們汲汲於製造災害，將田地廢耕，而將分分畝畝的土地都圈起來牧羊，拆掉房舍、廢除市鎮，留住教堂——做為羊檻。這些顯達之士將人所居住的房舍和人所耕耘的田地，倒逆回復原始的荒野，殊不知英國的良田美地早已濫遭區隔做為獵場與莽林。圈地政策實施之後，一介貪婪之獨夫便可禍殃百姓，用欄柵長城圍起千畝耕地，致使佃戶被逐，家當被訛詐或強奪，或因不堪騷擾，而無奈讓售。沒有例外地，這些不幸的人——男人、女人、丈夫、妻子、孤兒、寡婦、拖拉著一家大小的父母（窮人偏多產，因為農作需要人手）——全被趕離家園，離開唯一熟悉的居所，不知何去何從。如此匆忙倉促離家，有限的家當無法待價而沽，只有賤賣求現。這麼幾

文錢那堪行路的開銷，不多時全數花光，此時除了行險偷竊終致被逮處絞（那可真叫命衰），或者繼續流浪行乞，豈有第三條路？即便選擇後者，也會因非法遊蕩的罪名下獄。他們樂意工作餬口，但是找不到僱主。他們一生務農，如今社會卻不需農作勞力，因為已經無田可耕。一名牧羊人可以看顧一大群的羊。這些畜牲吃草的範圍，在以往有許許多多的手在其間栽種作物。

　　『圈地放牧之後很多地方糧價飛漲。同時，羊毛原料的價格也暴漲，窮人之中原以紡製毛布出售維生的一大群人也失業了。原料缺貨價漲，原因在於羊瘟，死了那麼多的羊，倒像是上帝藉著降下瘟疫來懲罰人間的貪婪——只不過該死的是羊的主人！話又說回來，即便羊隻的數目沒有銳減，羊毛價格也照樣會漲，因為羊毛業雖然不是操縱在某個人手中的獨占行業，卻是由少數大戶所把持（稱做寡占）。這幾戶富豪羊毛商決定市價，價格合他們的意才願意脫手。

　　『同樣的理由，其他牲口的價格也是高得不合理，尤其因為畜欄被拆除，農業荒廢，走了飼養牲口的人。富戶們繁殖羊而不繁殖牛。他們賤價買來瘦骨嶙峋的牛隻，養在牧場等到長肥了，再高價售出。這種惡質做法的害處目前還看不出來。我們目前只知，高價的肥牛對消費者不利。但是，時日稍久，牛商從外地購入牛隻的速度比當地繁殖牛隻快，未來本地牛隻的供應愈來愈少，必定會造成嚴重不足。英國初時似乎蒙受其利，但終將毀於少數人的貪婪。生活開支日增，在上位者逐日縮裁家臣。我請問，這些人除了偷搶行乞，還能如何？一個習

於表現膽氣的人多半寧爲盜賊而不當乞丐。

　『更糟的是，赤貧匱乏經常和奢侈放縱互相伴隨。豪門的僕役、商人，甚至農民——社會各個階層的人——競相著華服吃美食。看看各處的食肆、妓院和其他享樂場所諸如酒店。賭博遊戲像擲骰、牌戲、雙陸棋、網球賽、滾木球和擲環椿，那一種玩樂不是銷金窟[16]？耽溺其中的人那一個不是走上偷搶之路？清除這些弊病，要求那些毀了農舍田莊的人重建它們或者把它們交出來給有心的人去進行重建；要限制富人壟斷物資囤積居奇；要避免製造閒散不勤之人；要振興農業，恢復羊毛製造業的健全體制，讓失業的群眾有事可做，包括已經因爲貧窮而淪爲竊賊，以及現時無業遊蕩或雖爲家僕但無所事事，終將淪爲竊賊之人。

　『這些病根一日不除，貴國就一日不能誇口以嚴苛刑罰懲治竊盜的公義性。現下的罰則乍看十分公義，但是事實上既不公義又無成效。如果以惡劣的方式教養孩童，自小便腐化他們的心志，訓練他們作奸犯科，及長再來懲罰他們的犯行，如此又何異於製造竊賊再來捉緝竊賊？』

　我做這番議論之時律師已經準備好他的答案，擺出一種律師擅長的結辯時的威武氣派，同時也炫耀他們鉅細靡遺的記憶力，如此閃鑠滑溜地回答我：『以你這樣的一位外來客，能夠

16　希適婁岱與摩頓的這番談話據推算發生在1497-1500年，彼時英國在亨利七世治下民風尚稱純樸。摩爾此處藉希氏之口批評社會風氣，所談的現象在亨利八世即位之後方始盛行，假古諷今的企圖顯爲明顯。

講得這般頭頭是道，委實不易。但是，你所說的多半是無稽的
聽聞，沒有經過正確的驗證。我簡單地這麼說吧。首先，我來
概括敘述你所說的；其次，我要指出，你對我們的國情一無所
知；最後，我要反駁你的論點，證明它們完全站不住腳。好，
首先進行我方才的第一個承諾。我認爲你一共提出四個論
點──』

樞機主教淡
淡地阻攔了
長篇大論

『且慢，』樞機主教嚷道，『聽你這般的開場白，顯然一
時三刻無法結束。乾脆大家幫你省省事，你就不必回答了，不
如你倆人明日約個空去聊吧。拉斐爾君，偷竊是否該受嚴刑峻
罰，或者有別種處罰方式可以使得大眾免除其害，我倒想聽聽
你的高見。我試想你不至於主張此種犯行可以免受法律絪繩。
依目前的重罰條例，死罪猶不足以嚇阻犯意，一旦如你所言，
死罪免除，屆時竊賊豈不更無忌憚？減刑之仁德可能被視爲誘
唆或甚至獎賞犯行。』

『我最最景仰的主教大人，』我說，『我認爲竊鉤者誅是
不公義的。人世間藉由財貨能夠獲得之物，其中無有比人之性
命更珍貴者。若有人說，處死竊賊並非由於他攫奪之財貨，而

史學家利未
所記載的將
軍施行苛法

是由於他破壞公義和冒犯法律，那麼，如此極端的公義應該更
名爲極端的戕害。這則法律有如曼里阿斯的敕令[17]，處置細瑣
的犯行亦毫不容情地拔劍開鍘，令人難以贊同。我們也不應接
受斯多噶學派所倡，認爲罪行無分輕重大小，殺一人和竊其錙

17　公元前四世紀，羅馬將軍曼里阿斯（Manlius）以峻法治民，其子犯法
　　亦遭處死。後人以「曼里阿斯敕令」統稱嚴刑苛法。（見Livy 8.7.1-
　　22）

銖沒有分別。若論公平原則,這兩種犯行的情節與輕重均不能相提並論。上帝嚴令戒殺,我們因此豈能率爾絞殺竊取錙銖之徒?或有人強辯,謂上帝的誡命不能及於人類法律管轄的範圍,人法曰殺即可殺。設若如此,那麼人豈不也可以制法決定,強暴、通姦和偽證等罪可從輕量刑?上帝不許人殺人,也不許人自殺。如果人藉由制法,僅以互相同意便賦予執法者殺人的權力,使其免除上帝律法的約束,如此豈非使人的法律凌越上帝的律法,去裁決上帝的律法有效或無效?

其後果必然是,人類自行其是,將上帝的律法玩弄於股掌之中。最後,我們要記得,摩西之時為了規範一支受奴役且冥頑不化的民族,其律法不得不嚴苛;但即便如此,摩西律法處罰竊盜也僅止於罰鍰,而非死罪。如今在基督的新法裡,上帝待子民如慈父之待兒女,祂可沒有縱容我們施虐。

因此,我認為竊銖者誅是不對的。人人都知道,用同一個刑度來處罰竊賊和殺人犯,不僅荒謬,更會危害社會。竊賊知道偷竊與殺人同罪,失風之時可能乾脆痛下殺手,反正結果沒有不同。他可能會更進一步想,殺掉還更省事,可以把人證和事證一併遮掩了。如此這般,在我們努力用峻刑嚇阻竊賊之際,我們其實反倒鼓勵他們濫殺無辜。

至於常有人要問的:有什麼更恰當的處罰代替死刑?我認為任何別的方法都比死刑好。古羅馬人擅長治國。他們施行多年的刑罰不是很值得效法嗎?古羅馬人讓所有的重刑犯穿上腳鐐,終生待在採石場和礦坑服苦役。各類不同的方法中我比

頗多無識
國為波斯
近鄰

較贊同旅遊時在波斯屬國「頗多無識」[18]所見。此國人口眾多，政府廉能，法治井然，除了向波斯國王進奉年貢之外，主權獨立。其國土四面環山離海甚遠，物產豐饒百姓安居，不需與外國交通，亦鮮少外人到訪。他們秉承古訓，不思擴張領土，國防安全仰賴高山的屏障，以及波斯君主的保護，既無戰事，百姓恬適度日，雖乏國威盛名，卻享安逸之福。除其近鄰之外，世人多不曾聽聞其國名。

和我們的做
法不同，值
得注意。

　　這個國家的人民如果犯了偷竊罪，償還的對象是原主，而不是像其他國家的規定，是君王。君王和竊賊一樣，豈有權利主張贓物之所有權？贓物如果不存在了，竊賊的所有家當經過估值之後，扣減贓物之所值賠償物主，剩餘之值發交竊賊妻小，他本人則被執往服苦役。

　　除非犯案時使用暴力，否則對竊賊不處拘禁或罰戴鐐銬。他們雖服公家勞役，但行動自由。他們雖不受鐐銬鎖綁，但是如有怠惰便遭鞭笞，如果勤奮工作便不致遭到任何羞辱，唯獨夜間點名之後必須監禁於牢房過夜。除了整日勞動，他們的日子並不難過。由於他們為公家服勞役，飲食的調理和內容雖然因地而異，但尚稱豐盛，由公家供給。在有些地區這些人犯的開支來自民間的善款，來源雖然不是固定，但是該國國民樂善好施，這樣的做法非常成功。另外有些地區則由公家預算中提撥專款，或加徵國民特別捐，來支付人犯的開銷。某些地方的

18　「頗多無識國」（Polylez）一詞為摩爾所造，意為「無知識的人民」。
　　摩爾愛玩弄弔詭修辭，此為一例。

竊犯不必服勞役，但是集中於市集，有需要勞動力的市民可以前往挑選僱用，每日工資比一般勞工略低一些。如果怠工，僱主可以鞭打他們，並不違法。如此這般，竊犯有工可做，而公家財庫在支付他們日常所需之後，尚能小有收益。

　　國人之中只有這些竊犯一律穿著特定顏色的衣服。他們不剃光頭，但是髮長一律在耳上，一隻耳朵的耳垂被削斷。朋友可以送來飲食，送衣服則只能送那個特定顏色的；不能送錢，否則收受雙方都是死罪。一般人不能向這些人犯收取金錢；這些奴隸（他們的別稱）不能觸碰武器。如有違犯則處以死刑。國境內不分地區人犯都要配戴特別的標誌。丟棄標誌、擅離自己的地區，或者與其他地區的奴隸交談，都處以死刑。圖謀脫逃和脫逃的行為罰則相同：奴隸若知情不報，死罪，若是一般人則降為奴隸。相反地，告發者則獲得獎賞：一般人得到賞金，奴隸則重獲自由，兩者知情之罪都可免除。因此，為了自身的安全最好放棄脫逃的念頭，不要以身試法，而致懊悔莫及。

　　這便是他們有關偷竊的法律與施政，溫厚而實際可行。刑罰的目的在於改過遷善，對待人犯的方法用意在於要他們把有生的餘年用來贖罪。累犯的可能甚少，以致在國境內旅行的人到達不同的地區皆有該區的奴隸做嚮導，感覺安心可靠。奴隸亦不致淪為盜匪，因為他們沒有刀械武器，身上一旦有錢那便是犯罪的鐵證，無所遁形。如果劫搶被發現，必會遭到處罰，絕無可能逃逸藏匿。奴隸的衣服顏色特別，除非他不著衣褲，否則豈能不被識破？更何況他的一隻耳垂已被削去，容易辨識。那麼，奴隸們有沒有可能結夥陰謀推翻政府？不可能，因

今日豪門的奴僕卻以此一髮型為美

爲他們無法越區集結圖謀不軌！他們即便是見面交談都是犯
法，更何況人人知道，對於這類陰謀知情不報後果嚴重，予以
揭發則獎賞豐厚。此外，一名奴隸只要耐心勤勞洗心革面，未
來重獲自由並非難事。事實上，每一年總有一些奴隸因爲表現
馴良而得到赦免。』

　　說完這番話之後，我接著表示，英國可以採行這種做法，
成效絕對勝過在座與我唱反調的律師仁兄所稱頌的『公義』。
豈知這位仁兄回道：『英國若果起而效尤，國家就要亡嘍。』
說完，他搖頭獰笑，不再作聲，眾人則紛紛表示同感。

　　主教說：『任何制度沒有運作之前，誰也不敢猜測成效如
何。倒是可以試行，在竊賊死刑定讞之後，由國君頒佈緩刑特
令，以此取代英國實行多年但在前朝遭到廢止的庇護權[19]。試
行成效如果良好，再正式立爲法律，如果不好，死刑隨時可以
執行。緩刑比邃爾處死竊賊對大眾沒有更大害處，對人犯則有
較多公義，可說有益無害。我甚且認爲，對於居無定所的遊民，
也可以同法處置。目前種種的罰則，對他們是毫無績效。』

　　主教說完時大家爭先恐後地表示同意，熱絡之情比起先前
聽我說出相同的看法時，那種鄙夷的神色真是天壤之別。他們
特別喜歡關於遊民的建議，因爲出自主教的補充。

　　接下來的情況變得更加可笑，我本想略過不提。但是，講

---

19 英國舊時有一慣例，罪犯若至教堂藏身尋求庇護，得暫免其刑，稱
　　爲庇護權。此一慣例自亨利七世時起漸被廢除，到了摩爾的時代尚
　　有零星個例，輿論對其存廢仍爭議不斷。摩爾所作 *Richard III* 史傳中
　　亦有討論。

了也無妨，和今天的主題還算相關，我就說罷。當時眾人中有一名食客，喜歡賣弄嘴皮子，裝瘋裝癲，倒像個真傻子。他一逕說笑逗弄大家，只是搞得人人厭煩，覺得此人比他的笑話來得可笑。但是，千錯總有一是，正應了一句老話：骰子擲久了好歹總贏上一把。座中某人說，方才我談到竊賊，照料了他們，主教則照料了遊民，剩下該照料的就是那些貧病老邁，無力生活的一群。

『讓我來吧，』傻子蹦出來接腔，『我一定會好好料理他們。這些人一向是我的眼中釘，經常纏著人要錢，又是哭又是叫的——所幸我是一毛不拔，怎麼樣的伎倆對我都沒輒。我是既不願給錢也無錢可給。他們慢慢學乖了，乾脆省省力氣，看到我路過既不叫也不抱希望，倒像看到一名教士般[20]。若是我當政，我要立一條法律把這幫乞丐分散安置到本篤會僧院，男的在那裡當「方外弟兄」[21]，女的我就叫她們當修女。』

主教笑而不語，只當做玩笑聽；其餘的人則認真起來。另有一名行腳托缽僧，對神學頗有研究，平日脾氣乖戾，現時卻因眾人取笑教士和僧侶，也難得地跟著起哄。他說：『除非你也一併照應我們托缽僧，否則乞丐還是趕不完的。』

『你們已經受到很好的照應了嘛，』傻子說，『主教已經

托缽僧和傻子針鋒相對

---

20 傻子裝瘋賣傻，指著和尚罵禿驢。此處用語可能典出聖經中耶穌講述一名撒馬利亞人動了慈心救治旅途遭強盜所傷之人，相反地，一名教士卻視若無睹逕自離去（見路加福音10:31）。

21 方外弟兄是本篤會僧院中的雜役，無正式教會職務，純粹自願奉獻勞力。

爲你們安頓妥善。他提議遊民該拘提到案，然後強制做工。你
們這些托缽僧行乞四方，正是頭號遊民。』

　　在座諸人兩眼盯著主教，發現他對這個戲謔的說法並未表
示不快，於是恣意附和。唯見托缽僧一人大受刺激，羞惱之餘
怒斥這名口無遮攔的傻子，罵他耍流氓、毀謗，是無恥小人和
『滅亡之子』[22]，再輔以聖經上的各種譴責惡行的文句以壯聲
色。傻子罵得興起，眾人亦無可奈何。

　　『我個好修士，莫要生氣，』傻子說，『聖經有言，常存
忍耐，就必得保全靈魂。』[23]

　　托缽僧回道（我可是照實轉述）：『鬼才跟你生氣，你個
天殺的。至少我沒有犯罪。〈詩篇〉不是這樣說嗎：「你們應
當生氣，不可犯罪。」[24]』

　　主教這時安撫著托缽僧，勸他別動肝火。托缽僧說：『那
不成，主教大人，斯可忍孰不可忍，凡是聖人都有凜然正氣。
聖經上說「因我爲你的殿心裡焦急，如同火燒」[25]，正是這個
道理。此外，教堂裡的聖詩也有這樣的詞句：「以利沙正要去
上帝的家時有孩童戲笑他禿頂，全都遭到他的怒火燒炙。」[26]

（左側旁註）
古賢何瑞思
（Horace）所
言：掉進了
義大利醋罈
子。

拿出看家本
領了

22　撒旦。見約翰福音17:12及帖撒羅尼迦後書2:3。

23　路加福音21:19。

24　見詩篇4:4。聖經拉丁文本譯為 *Irascimini*（"Be angry"），英譯欽定本
　　則維持希伯來文原意「你們應當畏懼」（"Stand in awe."）。摩爾依前者。

25　詩篇69:9。托缽僧於此時賣弄拉丁文，大大引用聖經，卻誤將 *zelum*
　　（"zeal"，熱忱）說成 *zelus*（火燒）。摩爾在細微之處暗藏貶謫。

26　先知以利沙前往耶利哥城的途中被一群頑童嘲笑禿頂，憤而詛咒他
　　們，於是有熊從樹林中出現，撕裂其中四十二名（見列王紀下2:23-24）。

我今日就要讓這個沒娘教養、尖牙利嘴的小子嚐嚐我的怒火的力道。』

　　主教說：『儘管你言之成理，但是即便你豁了出去，拋開聖職人員的身段，去和一個小丑型的人較量嘴上功夫，這就是不智之舉。』

　　『非也，』托缽僧說，『最有智慧的所羅門曾說：「要照愚昧人的愚妄話回答他」[27]，我正是實踐這個教訓，讓此君切莫得意忘形，掉在自己所挖的坑阱裡[28]。以利沙只是一介禿夫，他的禿頂便有如許神力，那麼有人竟敢與眾多禿頂的托缽僧為敵，恥笑吾輩，他可要大大地倒楣！此外，我們每人身上揣著教皇的御詔，敢有不敬者要被逐出教會。』

　　主教看見這場紛爭恐無了期，示意傻子走開，巧妙地轉移話題，隨後起身離座前往接見教民，吩咐大伙散去。

　　摩爾兄，我這般嘮叨莫要使你厭煩。設非你執意要聽，而且不馬虎放過任何細節，否則我早就羞赧致無以為繼了。雖則要言不需贅詞，我如此鉅細靡遺告訴你當時情況，目的在讓你知道，眾人先前反對我所說的，卻在看到主教不表反對之時迅速轉而贊同。更有甚者，這些奉承阿諛之徒揣摩上意，做得太過火，把主教視為狂人小丑之言不加駁斥的論調，卻捧為至寶。這樣你該明白，我的人和諫言到了朝廷，會遭到廟堂大老何等的對待。」

27　托缽僧引述箴言26:5，但故意略去26:4所言：「不要照愚昧人的愚妄話回答他，恐怕你與他一樣。」斷章取義的意圖明顯。

28　詩篇7:15：「他掘了坑，又挖深了，竟掉在自己所挖的阱裡。」

「拉斐爾兄，聞君一席話令我既感愉悅又復受益，彷彿回到少年時期我在主教府中受教的歲月。我與你一見如故，加以你對主教的崇仰，我感覺與你更是親近。但是，我仍舊認爲你若能揚棄對宮廷生涯的嫌惡，你對君王的國事建言必定可以造福百姓。一個上馴之材的天職——包括你——莫此爲甚。你的神交好友柏拉圖主張，唯有哲學家擔任君王，或者君王變爲哲學家，國家才有可能成爲樂土。如果哲學家都吝於委屈自己，爲君王獻策，難怪政治清明之樂是如此地遙不可及。」

「哲學家不至於這般不通人情，」拉斐爾說，「他們很樂意爲君王獻策。事實上，他們著書立說，已有許多獻策，只是君王不願採納而已。柏拉圖早有先見之明，曉得除非君王能有哲學家的胸懷，否則聽不進勸諫。君王自小耳濡目染，價值觀頗爲偏差。柏拉圖未能影響戴奧尼修斯，便是一則例證[29]。假如我構思某些良法德政，寄望能令君王脫胎換骨實行王道，你想，除了遭到罷黜或淪爲笑柄之外，我還能有別種下場？

假設我在法國朝廷效勞，成爲法王的諮議大臣之一，參與國是會議，耳聞在座袞袞諸公在君王的主導之下密商如何守住米蘭和收復那不勒斯，如何推翻威尼斯，最後征服義大利全境；再來是佔領弗蘭德斯、布拉班和勃艮弟，外加其餘他早思染指的國家。一位大臣強力主張與威尼斯結盟，盟約期限視法國的利益可長可短，約束威尼斯與法國採同步策略，許以事成

此人暗阻法國侵佔義大利

---

29 柏拉圖曾提及三度前往Syracuse(位於西西里島東南，迦太基人所建之城)，意圖感化兩代暴君Dionysius父子，無功而退，時約西元前四世紀前葉(見Epistle VII)。

分贓，法國當然不會吃虧，獲利必更豐厚。另一位大臣建議僱
請德國傭兵打仗，鄰座的那位則緊接著提議收買更能打仗的瑞
士傭兵，要他們務必保持中立[30]。第四位發言的說，要向神聖　　　瑞士傭兵
羅馬帝國皇帝陛下獻上黃金做為祭品，以撫慰他被冒犯的神
威[31]。下一位說，必須和亞拉貢國王議和，許給他不屬法國領
土的那瓦爾[32]。還有一位說，安排一樁政治聯姻套住卡斯蒂亞
王子，再用重金賄賂他的朝臣，讓他們聽命於法國。

　　最棘手的英國要如何處理呢？大臣們一致主張以和為貴，
盡力修補名存實亡的盟國關係，在公開場合要宣稱英國是盟
友，私下則要防之若敵人。對待蘇格蘭則要視其為法國的崗哨
精銳，秣草厲兵以防備英國人的任何蠢動。此外，那位被逐流
亡在法國，日夜覬覦英國王位的貴族，必須秘密地（法國和英
國有盟約，因此不能公開）鼓勵支持。如此，這兩股勢力便能
牽制他們所不信任的英王[33]。

30　十五、十六世紀之交，三位法國國王依序為查理八世、路易七世和
　　法蘭西斯一世，皆宣稱對米蘭和那不勒斯兩個王國擁有繼承權，亦
　　皆因此陷入長期的國際政爭。希適婁岱所逑吻合當時的史實。

31　Maximilian I(1459-1519)時為神聖羅馬帝國皇帝(1459-1519)，根據馬
　　基維利《君王論》（第23章）的記述，野心極大但財庫空虛，極易用
　　金錢攏絡結盟。

32　Navarre位於庇里牛斯山西班牙與法國邊界，為一獨立領土。西班牙
　　東北部Aragon王國國君費迪南二世於1512年強取其南端部份國土，
　　併入其所攝政的卡斯蒂亞王國。西、法兩國長期爭奪Navarre，於1598
　　年由法國獲勝，其餘部份被法王亨利四世所奪。

33　蘇格蘭與英國由於政治和經濟的因素自古即為宿敵。宗教改革之際
　　蘇格蘭皇室及貴族泰半繼續效忠天主教，與改信新教的英國更形對
　　立，而與天主教的法國愈加親密，政教的異議份子常流亡法國，法

　　在這樣一個攸關國家興亡、策士濟濟一堂的會議中，設若一個草民如我者居然起身，獻上完全不同的意見，會是怎樣情況？我若說，法王陛下應該自義大利抽身，固守本國，因為法國疆土廣大，已然不易治理，為君者又何必還要夢想征服他國以更擴張之？接著我又提起居於烏托邦島南南東方的安歌落世國民[34] 的公決。在很久以前，這些人民去為國君征服領土，因為國君說，由於老祖宗曾與其領主有婚媾，所以他對這塊領土有繼承權。當他們成功得到領土之後才發現，治天下不比打天下容易。戰爭的種子不斷地萌芽：新子民不服統治而反叛，外國勢力也趁機侵擾。安國人民永遠在為這塊領土打仗或討伐他們，簡直到了一日不可無軍隊的境地。為了支援戰事，稅賦加重，資金外流，為了一個人的虛榮而流血喪命，和平幾已絕望。戰事連連更造成內政不修，搶劫殺人層出不窮，法律成為具文，因為國君無法一人治理兩國，日日焦頭爛額。

　　安國人民目睹如許之無窮後患，開會商議之後鼓起勇氣，懇請國君在兩國之間做一抉擇，魚與熊掌顯然無法兼得。他們對國君說，安國人口眾多，只有半個國君不能妥善治理他們，又說即便一介尋常百姓亦不願與他人合僱一名牽騾子的工人，只分得一半的工時。於是，英明的國君不得不僅只保留原有的國土，將新的斬獲送給一位朋友——此人過不久就被趕出國境。

(續)────────────────
　　國政府皆予接納庇護，並與之結合共同對抗英國。
34 Anchorians，摩爾自創之字，結合 *a*-(無)和 *chorus*(國家、地方)而成，
　　意為「無國土的人民」。

　　再者，我會據實稟告國王，由於他的好戰佈武，使得好幾
個國家陷入混亂，本國國庫虧空，民心頹喪，到頭來災禍連連，
一切算計終舊徒勞。明乎此，他該做的是守持祖上傳下來的王
國，勤於革新，俾使國運日盛。他應該愛護人民，也應該使人
民愛戴他；應該行仁政，明白民生疾苦；莫要覬覦外國，因為
他命中註定要治理的這個國家，已經足夠他全力以赴猶恐不
逮。摩爾兄，你認為我這番話會引起什麼樣的反應？」

　　「反應不會很熱烈，那是當然的，」我說。

　　「好，我們繼續，」他說。「假設有某位國君和大臣們正
商議如何充實國庫。一位大臣建議，當國家償付外債時可提高
幣值，徵稅時則降低幣值。如此便可短付而溢收。另一位則說，
何不偽稱有戰事，如此便可徵課軍費，一俟軍費入庫便可舉行
聖禮宣示媾和，無知的市井小民一見此景還會誠心感謝國君的
虔敬與對子民的憐惜，不忍其戰死沙場[35]。還有一位提醒大家，
國家法律中有幾則塵封多年，不知何年何月所立，因此人人違
犯而不自知。如果國君認真執行罰鍰，必有可觀收穫，何況以
端正司法為名，還將傳為美談。有人接著建議國君頒令禁止某
些習俗，特別是那些有害大眾利益的，違者處以鉅額罰金，但
稍後再頒給特許權，只要繳納金錢便可得到特權，雖違而免
罰。如此一來，國君既博得一般人民的好感，又在金錢上左右

35　摩爾影射前朝史實：亨利四世於1492年以解救法國西北部布列塔尼
　　（Brittany）為名義，向法國宣戰，且向英國百姓徵收軍費，最後更向
　　法王查理八世索取鉅款，做為罷戰的代價。八面玲瓏的國際外交手
　　腕莫此為甚。

逢源，既能對違法者課以罰金，又因販售特許權而得利。特許權的價格愈高，國君愈有利可圖；他既然不輕易頒佈特許，以免傷害公眾利益，這個特許權自然只能付高價來買得。

另有一位大臣建議國君向大法官下功夫，使他們審理案件皆以王室利益爲考量。另外，法官們必須定期奉召前往皇宮，在御前爲國君個人的事務集思廣益。不論國君的需索如何無理，總有大法官或因生性唯恐天下不亂，或因喜愛標新立異，或單純爲謀私利，因而鑽研法律漏洞，遂行不法行爲。大法官們如遇意見不和而起爭辯，那麼天下再清楚不過的事理也會被攪得渾沌不明，真相頓成問題。藉此，國君可以很方便地操縱法律，依其利益來解釋法律，周遭的人或因羞恥或因害怕而噤不作聲。法官判案時可以理不直而氣壯，判決結果有利國君時亦不愁找不到冠冕堂皇的理由：例如宣稱公正不阿啦，咬緊法律的文字字義啦，曲解證據啦，或者乾脆訴諸最後的那個太上因素——無可抗辯的君王的特權——來凌駕所有的法律。

接著，大家一致同意克拉蘇的名言，說是國君的金庫恆嫌空虛，因爲他要維持一支軍隊[36]。又說，天下無不是的國君，因爲普天之下莫非王土，甚至他的子民亦是他的財產，他有權利任意處置；人民擁有私人財產都是出於國君的仁德，不使他們一無所有。一國之君爲了自身的安全著想，務必戒愼，不令人民因富而生驕逸不敬之心，必須苛扣其財產。財富和自由最

鉅富克拉蘇
之言

---

36 Marcus Licinius Crassus(115-53 B.C.)古羅馬政治家和統帥，與凱撒和龐培結成「前三巨頭同盟」(the First Triumvirate)。

會使人桀傲不馴，貧窮和匱乏卻能挫折鬥志，磨損被壓迫者謀反的銳氣。

這個時刻如果我再一次起身發言，挑明這些進言將陷國君於不義和險境；如果我說，國君的榮譽和安全繫於人民的福祉而非他自己的利益；如果我說，一國之君應憚精竭慮爲人民謀求幸福安定，不負人民之所企望——你想後果會如何？我一貫主張，國君的職責在於照顧人民而非自己，正如牧羊人的責任是餵飽羊群，不是餵飽自己。

他們荒謬地以爲，只要使百姓貧窮便能保證國家太平。經驗證明恰恰相反。世上有誰比乞丐群居更會爭吵？有誰會比不滿現狀的更想改變現狀？有誰會比家無恆產兩手空空的人更無懼於製造失序的動亂，從中獲取好處？一個遭百姓怨恨憎惡的國君，以虐待、劫掠、沒收財產的手段，使百姓淪爲赤貧以掌控他們，如此不堪的國君真該退位讓賢，以免空有威權之名，卻喪盡君王宏偉的氣度。舉國皆淪爲乞丐而猶自作威作福，這般的君王毫無尊榮可言；君王要有尊榮，必先要有富足快樂的子民。氣節高尚的伐伯利修[37]曾說，寧爲富人之君亦不爲富人，正是這個意思。確實，一介獨夫生活奢逸而周遭百姓哀鴻遍野，那麼他只是一名獄卒，不是君王。庸醫治病，醫好頭，卻害了腳。同理，昏君治國，未革弊卻先使得民不聊生。這樣的君王有何德何能，來統治不應受奴役的人民？

他應該改掉自己懶惰和傲慢的惡習，以泯除百姓的鄙視與

37　Gaius Fabricius Luscinus爲公元前三世紀之羅馬儒將。

恨意。請他量入為出，勿入人於罪藉以斂財。請他遏止犯罪，教化百姓使他們不去犯法，而不是姑息養奸再來重刑懲罰。請他莫要率爾恢復舊法，特別是那些久已束諸高閣不合時宜的。百姓犯罪，司法該當判為惡意詐欺者，請他切勿准予易科罰金。

馬國之善法　　假設我再告訴他們烏托邦的鄰國，馬加利歐國[38]的法律。馬國國君即位第一天必須公開隆重地宣誓，個人藏金不多於一千鎊或等值的藏銀。相傳這條法律由一位英明的先王所創立，旨在表明以人民的福祉為優先，並且防止國君汲汲於斂財而剝削人民。他認為這筆款項已足夠國君用來鎮壓叛亂或驅逐外敵，但卻不夠誘發國君侵略擴張的野心。其次，這條法律也為了保證日常公共事務能有充足的財源。歸根究柢，國君若果必須交出多餘的錢財用之於民，他就不會挖空心思違法取得。有國君若此，國中之賢者必定稱頌，不肖者必定畏懼。這些意見

諺語　　說給那些完全不能認同的人士聽，你想豈非對牛彈琴？」

「絕對如此，毫無疑問，」我回答。「老實說，我不贊成你貿然提出這類不可能被採納的意見。這麼做毫無用處。聽者已有定見，想法與你正好相反，你說的這套猶如天方夜譚，如何能說服他們？學院的哲理在三五友朋之間可供秉燭夜談，但在國君的諮議會議上，攸關軍國大事的辯論場合，實在不宜提出。」

「這也是我一貫的看法，」拉斐爾回答。「國是會議的場

---

38 Macarios, 摩爾所創之字，意為「安樂的國度」。

合容不下哲學家。」

「沒錯，」我說，「這種場合容不下拘泥僵化的學院派哲 象牙塔裡的
說法
學，夸夸其談卻不知因時因地制宜[39]。但是，另外一種哲學，
公民可以依當時上演的戲碼，靈活且妥當地運用，這便是你應 天壤之別
該採用的哲學[40]。否則，當時若上演普勞特斯的喜劇，府邸內
的奴隸都在笑鬧作樂，你豈可扮成哲學家走上台去，背誦《渥
大維》劇中西尼卡訓斥尼洛王的台詞[41]？這時何妨保持沈默， 沒有台詞的
角色
免得發言不當，致使一齣喜劇變成悲喜劇？你的發言即便鏗鏘
有力，內容勝過正上演的戲碼，但是終究使它變了調，毀了它。
因此，你一定得勉強自己順著原戲的調子走，不要心裡想著另
外一齣或許較為莊重嚴肅的戲，而破壞了眼前的這一齣。

國家體制和君王的國是會議本來就是這麼回事。不能因為
陋習難祛，沈痾無法如你所願立時消除，便要拋棄整個體制。
總不能因為止不住海上狂風，便要拋棄航行的船隻。對著立場
相左的人儘說些稀奇古怪的論調，自然無人理睬。你必須間接
而技巧地表達，如此雖則未能撥亂反正，至少不致加深亂象。
人心一日不淨化，便一日不會有人間淨土——這個理想不是短

---

39 摩爾和其他人文主義學者對此輩學者之昧於實務常有批評，認為他
們不務實際。

40 此處指演說/修辭學所提示的溝通策略，其精髓在於掌握場合及聽眾/
讀者的特性，以便調整，使演說人/作者達成說服的目的。摩爾以觀
劇的經驗做譬喻。

41 羅馬喜劇家普勞特斯(Plautus)的劇作娛樂的目的勝於說教，情節誇
張，語言通俗，人物則為市井小民。悲劇"Octavia"作者不詳，處理
高官貴族的愛國情操，劇中人物所言激昂鏗鏘。劇中人物Seneca訓斥
Nero暴政之不仁。

時間可以實現。」

「唯一可見的結果是，」拉斐爾說，「旁人的瘋狂尚未被我治癒，我自己也陷入瘋狂，隨著他們咆哮怒吼。如鯁在喉不吐不快之時，咆哮是唯一的表達方式。哲學家是不是就得撒謊，我不管；我是不撒謊的。忠言可能逆耳，但是他們不該把我的建議當做蠢話。假設我告訴他們柏拉圖對他的理想國的描繪，或者告訴他們烏托邦國實際的做法，又當如何？這些制度再怎麼優越，在此地一定顯得格格不入，因為此地奉行私有財產，彼地則一切財產公有共享。

執意往前衝的人一旦被人指出前方的危險，呼喚他們回頭，如何能夠愉快地接受？除去這層心理因素，我所說的又有哪些像似天方夜譚？人對惡質的做法習焉不察，反倒排拒異己，斥為荒誕不經，如此，基督的寶訓與一般基督徒的行為大不相同，是否也在摒棄之列？基督不要我們掩蓋祂的寶訓，甚至說，凡祂在內室附耳告訴門徒的，要他們上到房頂大聲宣揚[42]。基督所傳的道多與一般人的作為格格不入，比我所說的更有過之。現今的傳道人聰明極了，曉得人生在世寧可恣意行事，不願改過遷善以符合基督的教訓。我想，他們彷彿聽了你的勸告，把基督的教訓當成一把鉛製的軟尺，操弄彎折，以便配合一般人的生活方式。如此傳道，硬是把是非兩邊扯到一起，傳道人的唯一成就是使得犯罪的人更覺心安理得。

---

42 耶穌戒勉門徒說：「我在暗中告訴你們的，你們要在明處說出來。你們耳中所聽的，要在房上宣揚出來。」（馬太福音10:27）

　　說真的，我若加入君王的國是會議，我能有的也是這般的成就罷了。或者我與眾人意見相反，完全起不了作用；或者我同意他們，於是應了米地歐所說的，進一步鞏固了他們的瘋狂行徑[43]。至於你說的『間接』的方法，我實在不懂。你認為我應該勉力推銷我的看法，雖則不能撥亂反正，但必不致加深亂象。你要知道，在那樣的會議之中完全沒有掩飾或閃躲的機會；不是公開贊成最蹩腳的提案，就是替最邪惡的政策背書。在讚美歌頌之時必定要十分殷勤熱切，否則會被懷疑有貳心，或為敵對陣營臥底。你陷身如許的同儕——只想腐化英才，卻絕不悔悟改過——之中，又能有什麼作為？你或者被他們引誘而致同流合污，或者你繼續潔身自好，於是成為一片屏幕，被用來遮掩他們的愚昧與醜行。這樣的『間接』手法可成不了什麼事。

　　柏拉圖權衡利弊之後宣稱，有智之士應該避免接觸公共事務，是有道理的。這些人旁觀官場眾生前仆後繼擁上街頭，遇到驟雨渾身淋濕，卻不聽勸進屋避雨。有智之士知道，自己如果也淌進大雨之中，除了跟著別人一樣濕透全身之外，對國家不會有任何益處。他們因此選擇留在屋內，至少保得自己乾燥清爽，為別人的愚昧負責善後則力有未逮。

　　摩爾兄，我不如坦誠相告吧。在私有財產的制度之下，一切都以金錢來衡量，一個國家的政治不可能清明，民生也不可

43　羅馬喜劇家Terence劇作"Adelphi"中，奴隸Mitio說，如果聽從主人瘋狂的命令，不會隨他一起瘋狂(I, 2, 66-67)。

能富足。一國之中最不肖的人民獨霸最好的資源，極少數的人享受一切生活中的富麗榮華（他們日子卻過得忐忑不安），其餘的人悲慘莫名。你不至於以為這樣的國家有公義，人民有快樂吧？

因此，我常想起烏托邦人的肅穆、睿智的制度，他們用最少的法律來達到最好的治國效果。他們覺得為善本身便是幸福，財貨均分共享，人人不虞匱乏。我拿他們來和其他國家做對比。其他的國家不停地制定新的法律，社會卻是一團亂象；人人貪求財物，急於納為私有；雖有林林總總的法律，幾乎無日不有新法，卻不能保障個人的私有財產不被掠奪，或與他人的財產清楚區分──每天層出不窮的訴訟不正是最好的證明？我每思及此，更能體會柏拉圖的用心良苦，為何他拒絕為排斥共產制度的人民制定法律。大智若柏拉圖，他非常清楚，唯有實施財貨共有共享，人民才有福祉。這個人人平等的理想在私有財產制度下無法實現。不管物資多麼充裕，如果人人都挖空心思為自己積攢囤居，最後一定演變成一小撮人壟斷整塊大餅，其他人全成了窮人。結果產生兩種人，彼此間應該互通有無但實際不然：富者貪得無厭、邪惡且不事生產；窮人則謙遜馴良，每日勞苦，造福大眾而非自己。

我因此堅決相信，唯有廢止私有財產，物資才能公平地分配給大眾，世間的人也才能幸福過活。私有財產一日不廢，絕大多數的人都要被壓在貧窮與焦慮的重擔之下受苦，無法超脫。這個重擔即便可能稍微減輕，但是要完全擺除是不可能的。法律可以規定一個人最多可以擁有多少土地，或者可以有

多少收入。法律也可以規定君王的權限，防止他擅權專制，也能防止百姓傲慢犯上。也可以用法律來明文禁止關說謀取公職、販賣公職，或者令公職取得不易，加重謀職者的財力負擔，藉以防杜公職人員就任之後遂行詐欺勒索，以賺回投入的成本，也避免導致富人壟斷公職，賢者求職無門的歪風。這類的法律有一定的效果，我同意。但是，說穿了也只像對病入膏肓的人繼續不斷地投以藥石而已。社會的弊病可以暫時減輕症狀，但是只要私有財產制度存在不廢，社會要痊癒康復絕無指望。你想醫好某一部位，其他部位的病情會更加重。在一處壓制病症，在其他處又爆發開來，因為你用的方法終究是挖東補西，取之於一人來施給令一人。」

「我的看法不同，」我說。「我不認為財產公有共享之時人人會有好日子過。人人都怠工的話，如何生產貨品？一旦缺乏獲利的誘因，人會變懶，一切等著旁人出力。若有人因生活所迫從事生產，但是法律卻不保障他的獲益，彼時行政長官的威信已失，那麼暴亂流血將如何可免？我個人無法想像，一個人人齊頭式平等的社會之中，威權公信力如何得以存在。」

「你會這麼想，我一點都不詫異，」拉斐爾說，「那是因為你對烏托邦國沒有概念，或者僅有錯誤的概念。可惜我去烏托邦時你沒有同行，否則你可以和我一起親眼見識他們的民風習俗。我在那裡住了五年多，要不是想回來向大家推介這個國家，我早就選擇終老彼鄉。你要是到過那裡，一定會承認那便是世上最守禮守法的國度。」

彼得說，「是嗎？你說歸說，我卻難以相信那個新世界居

然有國民比我們的更守法守禮。我們的人民不比他們的愚昧，
我們的政府也比他們的歷史悠久。基於長久的經驗，我們已經
發展許多文明的設施，更不用說還幸運地發現一些，人的聰明
才智無法發明的事物。」

「說到兩地的政府新舊有別，」拉斐爾說，「你要是讀過
那一頭世界的歷史，就不致有這樣的誤解。依據他們的歷史記
載，他們那頭已經有城市之時，我們這頭還沒有人的蹤影。至
於我們憑著運氣所發現的事物，那邊自然也可能有。至於其他
方面，我真是認為他們縱或才智不如我們，我們在勤奮及學習
的熱忱兩方面都遠不及他們。

他們的歷史顯示，在我們到達之前，他們對於『赤道以外
的國度』（他們這樣稱呼我們）一無所知，除了一千二百年前的
唯一一次，有艘船被暴風雨吹襲到烏托邦島，船沈而船上的羅
馬人和埃及人獲救，從此長居該國。

烏托邦人把握了這次的偶然機緣，加上自身的努力，獲益
良多。他們透過船難帶來的外客所教導的，以及改進所得的知
識，學習到羅馬帝國的各種工技和藝術。就因為一次機緣，我
們這個世界有人踏上那個島國，你看看產生了如此的效益！在
我們的歷史上如果有類似的情事發生，他們那邊曾經有人到達
我們的地方，也早已被人忘記，正如今日我在此地，後世的人
恐也不復記憶。他們的國民利用僅有的一次事件，完全精通了
我們的優良的發明，而我實在懷疑，我們的人能夠在短期之內
採納他們的優良的制度。他們勤於學習新知，這就是關鍵，使
得我們的人才與資源雖與他們不相上下，但是政府效能瞠乎其

後，人民的生活亦不及他們快樂。」

「那麼，拉斐爾兄，」我說，「我懇求你爲大家說說那座島國的情況。請你詳盡地依序告訴我們那裡的土地、河川、城鎮、居民、風俗、制度和法律——任何你認爲我們會想一知究竟的事情。你可以肯定大家都是一無所知而又渴望知道。」

「我萬分樂意，」他說，「對於這一切我的記憶猶新。但是說來話長，恐怕要花一些時間。」

「既是如此，」我說，「不如大伙先進去用個午膳，之後我們可以從容將事。」

「那可好，」他說。於是我們進屋用膳，飯後回到原來的地方，坐在原先的長椅上。我吩咐僕人不讓訪客打擾。彼得·翟理斯和我兩人催促拉斐爾履行諾言。拉斐爾看我們已準備好洗耳恭聽，沈吟思索片刻，開始了如下的敘述。

第一部結束

（下接第二部）

第二部

國家的至善境界

烏托邦新島
的位置與形
狀。

　　烏托邦人所居處的島嶼中間最寬部分有兩百哩，愈向兩端
愈見狹窄，形成一個圓周約五百哩的圓形，全島外貌彷若一彎
新月 [1]。新月的兩個犄角相距大約11哩，海水由此流進內陸，
漫開形成一座海灣。由於三面有陸地環繞，此處海域波平如
鏡，猶如大湖。全島內腹的海岸圍成一個大港，船隻航行無阻，
便利百姓交通往來。海灣入口一邊為淺灘，另一邊則為岩岸，
航道極為險峻 [2]，但中央突出一塊礁石清晰可見，因此不致造

天然地形險
要，只需一
座碉堡鎮守

成危險。石上高處建有塔臺，軍隊駐戍其中。其餘礁石暗藏水
底，非常不利行船。進港的航道只有烏托邦人知曉，外來人必
須靠在地的領航人指引，才能順利入港；而即便是這些領航人
也得依賴岸邊地標指示方位，才能安全出入。烏托邦人只要移

誘敵入彀

動這些地標，便可輕易誘使敵方艨艟大軍陷入險域，殲滅他
們。

　　島的沿岸散布良港，地形崎嶇，駐軍以一當十，易守難攻。
當地人說，古時此地並非一座島嶼，而就地形觀之，亦有道理。

烏托邦以烏
托帕斯命名

烏托帕斯征服斯土之後，以自己的名字為國名，取代舊名「阿
伯雷薩斯」[3]。烏托帕斯將此地化外之民提升至文化和人性的崇
高境界，令他國望塵莫及，甚且改變了地貌。烏托帕斯一戰而

1　烏托邦島的構想在書中的呈現時見歧義，經緯位置不明，大小約如
　　英國，形狀則異。在虛構的細節中可見摩爾以虛探實的企圖。
2　烏托邦島與世隔絕，外人難以順當進入。此一特質符合理想國的文
　　學傳統。亞里斯多德即曾宣示，理想的城邦應為敵人難以入侵，居
　　民可安居樂業（見《政治學》）。
3　Abraxas是西元二世紀希臘學者Basilides所構想的365座天堂中最崇
　　高者之名，文字本意不可考。

勝，立時命人挖濬一條15哩寬的水道，使得海水截斷此地與大　工程艱難勝
陸的連結，形成一座島國。奉命參與工事的除了原住民之外，　　過截斷希臘
科林斯咽峽
尚有他手下的軍隊，使得戰敗的原住民不致感覺屈辱。由於人
手充足，工事迅速完成，起先抱著嘲弄態度、譏其愚蠢的鄰國　人多好辦事
百姓，如今則懾於工程的威勢，莫不交相稱道它的成功。

　　烏托邦島上有54座城市 [4]，各個佔地寬闊，氣勢宏偉，語　島上城市
言、風俗、制度和法律等盡皆相同。若地勢許可，各個城市的　統一促進和
諧
規劃建置乃至外觀，都無二致。相鄰的兩座城市距離不短於24　各城間距合
理
哩，最遠亦不超過一日的腳程。

　　每年一次，各城市遣派三位年高望重、經驗豐富的市民前
往艾默若 [5]，商討全國的公共事務。艾默若位居全島的中央，
有若人體的肚臍，四邊交通便利，因此設為國都。每座城市市
郊至少配置半徑12哩的耕地，與鄰城間距愈大的城市，市郊佔　農地分配
地愈廣。各城市皆不願擴張疆界，因為居民們視自己為墾殖者，　我們的城市
則苦於相反
的心態
不是地主。鄉村農地上每隔適當距離便築有農舍，配置農具，
供城市市民輪流下鄉時住在其中。每戶農舍至多配住四十人，
男女皆有，另有兩名固定的奴隸；置男女戶長各一，由正直圓
通之人擔任，掌理事務；三十戶之上另置族長一名 [6]。每戶有20
人於工作屆滿二年時遷回城市，遺缺則由甫自城市下鄉的20人

4　摩爾以 *civitas* 稱呼這些城市，希臘文的同義字為 *polis*，意為「城邦」，
　　由城市及周遭的鄉下構成一整體。

5　Amaurot 源自拉丁文 amauroton，意為「無明」。摩爾取其混沌不明
　　之意，與全書其他關鍵名字故弄玄虛的企圖一致。

6　族長（phylarch），源自希臘文 *phylarchos*。

以農立國 　　遞補，如此則半數新手可以向已經做滿一年的另外半數耕作老
手討教，已有經驗的人也樂意教導新來的人。如此輪替，可以
避免如果全體皆爲生手時，對農作收成可能造成傷害，同時也
不致造成長期的強制勞役。但是有許多人由於生性喜愛農作之
樂，獲得許可，在鄉下多待了幾年。

農人的工作 　　農場工作包括掘土鋤地、餵飼牲口、砍柴伐木，以及配合
地理條件或由水路或由陸路將作物運送至城市。農場上飼養大
令人讚賞的 批雞隻，方法至爲奇特，由工人負責將雞卵置於定溫控制的場
養雞法！ 所孵育。雞仔破殼而出，第一眼見到的是工人，於是從此跟隨
他們，並不跟隨母雞。

馬的價值 　　他們只養少數馬匹，隻隻剽悍抖擻，用來訓練年輕人騎馭
之術。他們利用牛隻來犁田拖曳，認爲牛隻雖然短程駄載效率
不如馬匹，但是長程負載耐力較優，並且抗病力較強（他們如
牛的價值 是以爲），照顧起來較省錢省事。再者，牛隻老邁不克工作之
時，可供肉食。

飲食 　　穀類只用來製作麵包，因爲他們飲用的酒由葡萄、蘋果和
梨等水果製成。他們也用水來煮蜂蜜或者甘草。這些材料皆是
當地盛產。他們對各個城市及週邊地區糧食的需求量掌握精
掌握可耕地 確，但是刻意超量生產，將多餘的穀物和牛隻與鄰人共用。鄉
下居民日常所需的物品若在當地無法取得，則向城市行政首長
求援，不必以物易物便能輕易獲得。鄉下居民一般而言每月進
合作增進效 城一次，慶祝特殊節日。農作物將要收成之時，鄉下的族長會
率 通知城市的行政首長，需要多少的人手支援。這批幫手適時到
援，好天氣時一天之內便可將作物全部收割完畢。

烏托邦的城市，特記艾默若

烏托邦的城市若非地理環境特異，否則構造完全一樣，知其一便知其餘。我儘可以任意挑選一座城市來向諸位介紹，但是選擇艾默若做例子最爲明智，因爲每年遣派代表來此出席全國大會的其他城市莫不以它爲表率；此外，我在那裡住了五年，對它非常熟悉。

艾默若矗立在一緩坡上，城郭幾近四方形，稍窄的兩邊順坡而下約有兩哩寬，直到爲你得河 [7] 河面邊；較長的兩邊則與河流平行。爲你得河發源自艾默若北方80哩，沿途吸納兩條較大的溪流和其他的小溪流，在流經艾默若時河面寬度已達五百碼。它繼續奔流60哩，河身更廣，最後歸於大海。此河自艾默若以北數哩處開始，整段流程受潮汐變化所影響，每間隔六小時即漲退循環，水流湍急。漲潮時海水倒灌，將原來的淡水回逼爲你得河約30哩，致使更往上游數哩的河水也帶鹹味。所幸愈往上游鹽分愈減，到了艾默若城外，河水已完全沒有鹹味。退潮時整條河水恢復原狀，清新純淨。

艾默若城外河段築有一座橋樑，連結兩岸交通。橋墩不是木質的支架，而是利用石頭砌成橋拱。該橋座落城市北端，離海最遠的那頭，便利船隻通行和停泊於該市外圍的各處碼頭。

右側欄註記：
描述首都艾默若

描寫爲你得河

就像英國的泰晤士河

倫敦就像艾默若

---

7 Anyder取自希臘文 *anydros*，意為「無水」。此河與艾默若的地理形勢暗合泰晤士河與倫敦，亦符合亞里斯多德的理想城邦傍水依山的地理形勢。

當地另外有一條清泉自城市所在的山坡某處奔瀉而出，水流不大，平和怡人，順著傾斜的地勢流經市中心，然後注入焉你得河。艾默若居民在城外泉水出口四周築牆將其圍住，並將水流引至城裡，如此，遇有戰事，敵方便無法截斷水流，或將它改道，或在水中下毒。由水口流出的水經由陶質水管運送至城內地勢較低的地區。地勢條件不允許的地區，居民建造蓄水池儲存雨水，也一樣管用。

　　艾默若四周圍築厚實的城牆，其上建有多座塔樓和城垛。城的三面有乾涸的壕溝圍繞，既廣且深，長滿荊棘樹叢，另一面則焉焉你得河，正好用來護城。街道布局經過特別規劃，既能使交通順暢又能避免風害。街上屋宇率皆華美，櫛次鱗比隔街對望，綿延整個街區。每戶房子正面朝向20呎寬的街道，各家屋後則圍成一座大庭園，庭園四邊的長度與街區等長。

　　每一戶人家前門通往街道，後門開向庭園。兩扇門以手推之即可開闔，人人可以自由進出，無所謂私有的概念。每隔十年以抽籤方式調換房子。烏托邦人非常喜歡園藝，在庭園中種蒔藤蔓、果樹、香草和花卉，細心呵護務使綠意盎然，是我見過最焉茂盛精緻的庭園。他們勤於園藝，一方面出於興趣，另一方面因焉各個街區彼此較勁，互相挑戰以臻園藝之最。整座城市既因這些庭園之美而增色不少，又兼收實用之效。看來，似乎擘劃此一市容的人當時即以庭園做焉設計的首要考量。

　　他們說艾默若的都市計畫是烏托帕斯親手焉之，但是他把市容裝飾等相關項目留給後代子孫添加改良。他明白，只憑一

人一世之力無法克竟全功。他們的歷史記載始自一千七百六十年前烏托帕斯征服全島，由專人詳細編纂，並妥善輯爲文冊。就這些記載看來，當時島上房舍低矮，看似隨地取材搭成的木屋或田寮，牆壁塗刷泥土。屋頂中高側低，覆蓋茅草。現代的房子則全是華麗的三層樓建築，外牆嵌以石頭、石板或磚塊，間隙利用沙石拌和水泥填平。屋頂平坦，塗上特製的價廉但防火的熟石膏，比鉛質塗料更耐風雨和烈日。窗戶使用當地盛產的玻璃，耐風擋雨；或者使用輕油或膠質處理過的亞麻布，既透光又能擋風[8]。

窗户用玻璃或亞麻布

行政官員

市民以由三十戶爲一個單位，每年選出一位行政官員，烏托邦古語稱做「智叟」，現今改稱族長。十位智叟及三百戶之上，再置一位古時稱做崔倪伯，現今稱爲總族長之人。智叟總數二百，由他們選舉市長。智叟首先宣誓憚精竭慮爲國舉才，接著祕密投票，由該市四個區向參議會舉薦的四人之中，選出一人爲該市市長[9]。除非被疑有獨裁的意圖，否則市長爲終身職。崔倪伯任期雖爲一年，如無重大理由不予撤換，其餘官員

崔倪伯是烏托邦文，指資深高階官員。他們舉薦人才的方式真高明。

---

8 烏托邦房舍建材有些是英國人慣用的，例如熟石膏和浸油的亞麻布；玻璃窗户則少見於英國。

9 總族長（syphogrant）希臘字意爲「睿智的長者」（sophos「智慧」＋ gerontes「老人」）。崔倪伯（tranibor）字意不明。希適夔岱敘述中常用古名。每座城市各置一位市長，全國則不設最高行政首長。

任期僅爲一年。

　　崔倪伯與市長隔日會面一次，有事則更頻繁，商量國家大事，解決私人紛爭（很少有此情況），迅速做成決議。崔倪伯每日約見不同的兩位族長，於參議會的專室會商事務。依照規定，任何公共事務除非已提交參議會討論三天，否則不得做出任何決議。若在參議會或者族長大會之外的場合策劃公共事務，罪可處死。他們說，這些規定是爲了防止市長和崔倪伯共謀改變政體或奴役人民。因此，所有重要的事務都必須先行送交族長大會。族長與各自代表的30戶市民討論，然後與其他族長商量，再將建議提交參議會。偶爾也有將問題直接交付全國大會討論的。

　　參議會亦規定，不在議案提出的當日進行辯論，而要延至下一次會議。他們不希望有人抱住一個突發的念頭不放，使盡力氣替自己的提案辯護，因而危害全體市民的利益。他們瞭解，人有時爲了荒謬地顧全自尊，寧願危害大眾的福祉，也不願承認自己原先的思慮不夠深刻，損及自己的聲譽。這些人不應急於提出動議，應該三思而後慎言。

烏托邦人的職業

　　烏托邦百姓人人務農，不分男女，沒有例外。他們自小接受訓練，在學校裡學習理論，同時前往鄰近的農場實習，藉由遊戲的方式，達到農業幼教的目的。學童至農場參訪不僅要觀察，更要動手操作，參與實務作業。

井然有序的國家，厭棄極權烏托邦人盡速平息爭議，我們卻沒完沒了

做任何決定絕不魯莽

但願我們能效法他們

古人說：「睡個覺再說」，正是此理。

此邦人人務農，我邦卻多數人逃避，丟給少數被輕賤的人去做。

除了農作（我已經說過，全體國民人人務農），每個人還要
另外學習一門技藝，像是毛紡、棉紡、石工、金屬打造或者木
工。從事其他行業的人不多。他們的衣著變化只爲區別性別或
已婚、未婚，除此兩項目的之外，全體相同，不分地域，亦至
老死不改。這些衣物樣式美觀，便利身體的活動，兼能保暖散
熱，寒暑皆宜，各家各戶都是自行縫製。

人人習藝爲
了生產所需
之物，並不
爲了享受奢
華。

衣著相同

無論男女，人人都要學習一門技藝。女性較爲弱質，學習
輕便的技藝，例如毛紡和棉紡；粗重的項目則派給男性。通常
由兒子承繼父業，多數人覺得理所當然，毫無勉強。若有人喜
愛別種行業，也可以由從事該種行業的家庭收養，改換家庭。
他的父親會與主管當局一起，爲他尋覓可靠的人家入籍。如果
有人已經精通一種技藝，還想再學一種，也可能得到准許。兩
樣都精通之後，只要不與市政的需要相悖，他可以任選其中一
種做爲終身職業。

人人皆有技
藝

人人依自己
性向學習技
藝

族長的主要（幾乎是唯一的）工作就是監督城中的閒人，務
使人人努力從事本分的職業。但是，這並不意味烏托邦人必須
從早到晚賣命工作，猶如馱重的畜生不得休息。這種比奴隸還
不如的慘況，是其他各國的常見現象，但是在烏托邦卻不會發
生[10]。在每天二十四小時中，烏托邦人規畫六個小時用來工作，
午前三個小時，接著午餐。餐後午休兩小時，再繼續工作三小
時。用完晚餐，約在晚上八時（由午後重新起算）就寢，每晚睡

懶人被排斥

工作不過量

---

10 此處暗批英國的現況。英國工人每年9月中至次年3月中，每天自日
出工作到日落，其餘半年則自清晨5時工作至晚上7、8時。

眠八小時。

　　一日之中用來工作、吃飯或睡眠以外的時間，由個人自行
支配，但要妥善運用，不許濫用於閒蕩或偷懶。一般人都利用
這些空檔來從事知性活動，因為烏托邦人有一個流傳已久的習
俗，就是在拂曉之前舉辦演說，無日無之。那些特別選擇從事

追求學問　學術的人一定要來參加，但是其餘行業的人，男女皆有，也多
主動前來[11]。每個人依照自己的興趣，去聽不同的演說。如果
不喜歡陶冶知性，覺得與本性不合，也可利用閒暇鑽研本行技
藝，不會遭到禁止。事實上，這樣的人還會特別受到稱讚，認
為他們對國家更有貢獻。

晚餐後的娛　　　晚餐後有一個小時用來娛樂，夏天時在庭園進行，冬天則
樂　　　　在用餐的大堂。眾人或演奏音樂或談話交誼。他們完全不懂擲
反之，今日　骰賭博或類似的愚蠢喪志的把戲，但是懂得兩種類似西洋棋的
之王侯好賭　遊戲。其中一種以數字博奕，一個數字可以吃掉另一個數字。
烏托邦人寓　另外一種遊戲設計精巧，使不同的惡行彼此對立，但是對抗善
教於樂　　　德時卻又彼此合作；惡行和善德之間捉對廝殺；惡行或正面或
要詐，破壞善德；善德或奮力防衛，擊敗惡行，或技巧地閃避
其陰謀。最後，雙方你來我往，終有一方勝出。

　　說到這裡，我得回頭仔細說明一件事，以免有所誤解。因
為烏托邦人只分配六個小時用來工作，你或許會以為，他們的
物質生活必定甚為匱乏。事實正好相反：他們的工作時數足夠

11　烏托邦中有若干男女平權的措施，教育即為其一，反映歐洲文藝復
　　興時期人文主義者的理念。但女性受教育只限貴族婦女。

生產本身所需，甚至還有剩餘；不僅足夠維持基本溫飽，還能
講究便利舒適。我們只要想想其他國家的人民有多少人整日遊
手好閒，此中道理自然不難理解。首先，佔人口半數的婦女並
不外出工作[12]；如果她們外出工作，那麼一般而言，她們的丈
夫就會在家高枕無憂，鼾聲大作。其次，其他的國家有一大幫
懶惰的教士和所謂的修道院的僧侶。另外，還有富人——尤其
是地主——那些人稱鄉紳和貴族的人。再加上這些人的隨侍，
那一大窩橫行霸道的鼠輩。最後，也別忘了那夥剽悍結實的乞
丐，儘會裝病，逃避工作。想想這幾種人，你就會明白在那些
國家之中平日供給眾人生活所需的工作人口，數目遠比你所想
像的低。

〔右側眉批〕不從事生產的幾種人

〔右側眉批〕貴族的隨侍

〔右側眉批〕一針見血之論

　　你再進一步想想，那些工作人口之中，究竟有多少人是從
事真正不可或缺的勞動？現在的人都用金錢衡量價值，許多
虛榮、完全多餘的行業才得以興盛不衰，因為它們滿足奢逸
的官能。假設將勞動的行業限制為少數生產民生必需品者，
那麼由於生產量遽增，價格下跌，工人或會生活無著。但是，
再假設原來從事無用之行業的工人，如今皆轉入有用之行
業，甚至於那幫懶散閒置之徒（此輩一個人消耗的糧食足夠
養活兩個工匠農民）也都奉命參與生產，那麼我們馬上就會
發現，其實生產人類真正需要的物品，用以維持基本需要，
甚且還能過得方便舒適，並不用花多少時間，同時還能獲得

---

12 摩爾指不勞動、無薪給的歐洲婦女。當時的思維當然不會考慮家務
　　為生產勞動，實則16世紀歐洲許多婦女擔任繁重的家務及農務。

真正而合乎自然的樂趣。

烏托邦的經驗是再清楚不過的實例。在那個國家的城市及四郊的鄉村裡，年齡和體能皆適合工作的男女居民之中，僅有五百人可以免於勞動[13]。這些人中，智叟依法為自由身，不必
行政官員也
不放棄勞動勞動，但是他們不願享受特權，寧願參加工作，為其他居民樹立榜樣。另有些人得到教士（專司國民教育）推薦，並且獲得智叟祕密投票通過，致力於研究學問，成為學者，即可終生免去工作。如果這些專職學者學習不勤，則被遣送回家，重新成為工人。相反地，工匠若在餘暇時努力讀書，勤而有成，就可以被拔擢加入學者的行列，脫離工匠職業。國家的大使、教士、
有學問的人
擔任重要的
職位總族長和市長（古稱巴杉士，現代烏托邦語則稱為亞戴默士）[14]皆由學者階級脫穎而出。其餘的全國人口莫不勤勉勞動，因此在短短一個工作天之中能夠生產大量的物品，此一道理甚為簡單。

此外，他們能夠事半功倍，使用較少的勞力，製造民生必
節省屋舍的
成本需品。在別地，蓋新宅或整修舊宅總要耗費甚多人力，其原因在於父輩所置之恆產常遭不肖兒子任其荒廢，到了孫輩又寧可花費鉅資重建，而不願樽節開支僅予修繕了事。更有甚者，有人花費鉅資建造毫宅，他人卻因自信品味更勝一籌，因而故意令此豪宅傾圮失修，好再行斥資於他處另建新宅。相反地，烏

---

13 包括市長、200位智叟（族長）、20位崔倪伯（總族長），以及13位教士。其餘為學者。

14 Barzanes，意義不明；Ademus，源自希臘文（*a＋demos*），意為「沒有人民的統治者」。

托邦國之中事事有序，體制森然，另覓新址蓋新宅乃是罕有之
舉。國民不僅注重房舍之修繕，更注重事先防範，避免房舍失
修破敗。因此之故，房舍屋宇皆能經久耐用，不需大興土木，
工人利用閒暇切鋸木料或石材，僅備將來不時之需。

　　再來看看他們簡樸省事的衣著。他們的工作服概爲獸皮所
製之素袍，經用七年。出門時在此素袍之外另罩一件外衫。烏
托邦全島人人穿著統一顏色的外衫，都是天然羊毛色澤[15]。如
此，島民所需皮料比他地之人少，其整體花費亦較少。但是，
由於麻布之製造最不費工，因此他們的外衫以麻布材料爲首要
選擇。他們喜愛素白的麻布和潔淨的毛料，但不講究質地是否
細緻。在別地，有人擁有四、五件不同顏色的皮袍或綢製外衫
猶不知足，紈袴之徒甚至十件尚不能稱心快意。烏托邦人卻只
有一件，穿用兩年，心滿意足；既能禦寒又無爭奇鬥妍的需要，
自然不必多過一件。

　　烏托邦中各個行業皆能精簡人力，且人人皆能敬業將事，
因此物資充實不虞匱乏，更有寬裕人手用於修補道路。若道路
無需修補，便縮短每日工時，行政官員不會強迫國民從事無謂
的勞動。彼邦政治制度的設計，只要不影響公共事務所需，允
許國民可以自由節省體力勞動，將時間轉用於培養開明的心
智。他們認爲，有這樣的心智，才有快樂的人生。

節省衣著的
開支

15　僧侶之中聖方濟修士（Franciscans）和嘉爾篤修士（Carthusians）皆穿原
　　色羊毛所做的袍子。摩爾少時曾在一處卡杜西僧院住過數年。

社會關係

接著，我想說明烏托邦人民的群我關係，以及他們物資用品的分配制度。

每一個城市由具有血緣關係的家庭集合組成。各個家庭中成年的女性結婚之後遷入夫家居住。男性子嗣留居家中，服從最年長的長輩。這位長輩若因年邁而心智衰退，則由次年長者接替。為避免有任何城市人口遽增或驟減，他們規定每戶家庭 市民的總數 成年人口數維持在10至16人之間（每個城市有六千戶家庭，郊區不計入）。自然，每一戶的未成年人口數則無硬性規劃[16]。成年人口容易控制，只要把某些家庭過多的成年人口播遷至過少的家庭即可。設若一個城市人口過剩，多餘的人口則用來補其他城市之不足。又設若全島人口數超出定額，則自各個城市徵調國民，再依據法律所訂，於鄰近該島的大陸覓取無人開發的原始土地屯墾拓殖。當地之原住民可以選擇依隨烏托邦新移民留居斯土。兩族人民共處，逐漸交融而致生活習慣與風俗民情日趨一致，雙方皆蒙其利。烏托邦人依其政策墾殖，地盡其用，倉廩富足，使得該地不復舊時窮苦荒廢之相，原住民得以溫飽。土地既已由烏托邦人聲明取得，原住民之中若有不遵從烏托邦法律者，自當被逐；若有抵抗者，則以戰爭解決。烏托邦

---

16 每戶平均人口約13名大人，全市則約有七萬八千人，再加孩童與奴隸，則超過十萬人，約與當時歐洲大都市的人口相當。

人認為有權向佔據土地不加利用，卻又不許別人善加利用之徒發動戰爭。因為，依據自然法律，人人有權利用土地維持生活所需[17]。

若有某個城市因故人口急劇減少，但是向別的城市引調，又會使它們不足最低定額，那麼就可以從殖民地徵調人口回補。烏托邦人說，類此情況在歷史上僅只發生兩次，皆因大瘟疫所致。他們寧願令殖民地消失不見，也不願島上城市人口過少。

再說到彼邦人民的群體生活。我說過，每戶人家以最年長者為家長。妻子服侍丈夫，兒女服侍父母，小輩服侍長輩。每個城市分隔成四個同等大小的區，每個區的正中央位置設有市場，放置各類貨品。每戶家庭生產所得皆運至此地倉庫集中，分類貯藏。各戶的家長到此地尋找家中所需，自由取走無須付費或償還。各自自取所需有何不可？倉廩如此充裕，不必擔心有人會貪婪多取。人人既知供應不斷，又何虞有人心存貪念。人之貪欲源於恐懼匱乏，而有掠奪之行為。貪、奪之心出自傲慢自恃，誤以為佔有之物若能琳琅滿目，為世人所得見，即能顯示自己之卓越超群。此種惡習在烏托邦無處孳生。

緊鄰這處乾貨市場之處另有生鮮市集，有來自各地的蔬菜、水果和麵包。魚肉、家禽亦於城郊有水源之處宰殺清除內臟、汗血之後送到此處。屠宰之職由奴隸操持，一般國民禁止

避免家中奴僕成群

貪婪之源頭

避免腐臭之垃圾在都市中散播疫病

---

17 自然法律的首要原則即萬物為公有公享，人人生而平等。與此相對，各國自訂的法律則為國家法律。

殺動物時也
學會殺人

從事。烏托邦人覺得屠殺自然界的動物,會使同為自然界一員的人類逐漸喪失他最可貴的惻隱之心。除此之外,他們不許髒臭之物運入城市,避免空氣遭惡濁氣味或病菌所染。

每一個方形的街區都各有數座大會堂,彼此距離相等,寬敞宏偉,各有名稱。每座大會堂皆由一位智叟總領其事,每日並有特定的30戶家庭前往集體用餐。每座大會堂的管家定時前往市場,各依所負責的人口數提領食物。

日常首要之務為照顧生病的人,令其住院治療。每個城市各有四座醫院,建於城牆外圍不遠之處,佔地廣大猶若小鎮。

照顧病人

醫院特意建得大,理由有二:一則不論病人再多皆不至於擁擠不適;二則若有人染患傳染性疾病,亦可有足夠空間隔離治療。醫院管理完善,醫療用品一應俱全,病人盡皆受到溫柔細心的護理,並有醫術高超的醫師隨時留意診治。因此之故,雖不強迫生病的人必須留院治療,但是全城中若有人患病,莫不選擇住院,而不願在家療養。

病人的飲食由醫師指定。醫院的管理人將這部分的食物先行保留,其餘的部分再平均分配給各個大會堂。市長、大主教和總族長,外國駐節大使以及外國訪客受到特別待遇。事實上,來訪外人甚少,若有,則提供附傢具的房舍供其居住。午、晚餐時刻以銅號鳴奏,通知眾人齊至大會堂,缺席者唯有住院

集體進食

自由而不強
迫

或臥病在家的人。大會堂依定額供餐完畢之後,個人亦可自市集攜帶食物返家。他們相信有此行為的人必定有其充分理由。法律雖不禁止於家中飲食,但人人皆竭力避免,視為不妥;再說,在家辛苦準備平淡無奇的飯菜,而不就近去大會堂享用盛

宴，豈非愚蠢？

　　大會堂裡，奴隸承擔所有工作，尤其是骯髒的粗活。婦女則負責烹煮及上菜，各戶輪流。全體依人數多寡，分坐三至四桌。男人倚牆而坐，婦女則坐近門的位置，以便遇有腹痛（育齡的婦女偶有此種情況），可以離席就醫而不致驚擾他人。

　　育幼人員和嬰兒在另外的房間就食，房中備有許多嬰兒床、潔淨的用水和取暖用火。育幼人員可以將嬰兒置於床中，或於火旁溫暖處解開其襁褓，讓嬰兒玩耍活動，以增進體力。母親健在且健康者，必定親自撫育孩童，否則由智叟的妻子立即尋覓一名婦女代司其職。代職母親容易尋找，因為婦女們無不欣然樂意，既能博得善心的美譽，受照顧的孩童也視其為親生母親。

　　五歲以下的孩童也在此一育幼房就座用餐。其餘未成年人，包括所有未屆婚齡的少男少女，則在大會堂中侍候進餐，年齡較小或身體較弱者則靜默佇立一旁。他們的餐食由座上之人遞給，並無另外的用餐時間。

　　智叟及其妻子坐於大會堂首桌的中央位置。此桌為全廳最尊榮之位置，地勢最高，並且與其他餐桌成垂直角度，智叟可以目視全廳。兩位最年長者坐於次位；座次之規畫總以四人為一小組。該區中若有教堂，則由教士夫婦陪坐其旁，地位平等。四人之兩旁分坐年輕人，再接著坐年長者，如此穿插，各桌皆同，俾使同齡之人可以同桌，又能與不同年齡之人互相混合。如此安排，據他們解釋，乃是期盼年長者的威嚴及應得的敬重能夠約束年輕人的言行舉止，在他們的照看之下，在用餐時不

（側欄標註）

婦女負責烹煮及上菜

讚美與肯定最能使人欣然行善

養育幼小

尊敬教士。為今之世，主教亦淪為貴族的奴隸

老少間坐

致踰矩。

　　上菜方式並非由上桌依序而下，而是將最好的菜餚優先供

給坐於上位的年長者，然後將剩餘的平分給眾人。年長者若願
意，可以把分得的少量稀罕菜色與鄰座共用。如此，年長者受
到應有的尊敬，其餘眾人亦蒙其益。

　　他們在午晚餐開飯之前先行讀訓，每次有一則道德課目，
時間不長，以免流於乏味。年長者由此課目引申，做為席間交
談的題材，但是避免沈悶的氣氛，或壟斷談話喋喋不休，而是
盡量讓年輕人發表看法，藉由餐間的自由交談觀察年輕人的心
性人品。

　　午餐清淡簡單，晚餐則極豐盛，因為午餐之後得工作，晚
餐之後則是休憩及睡眠，他們認為對消化大有助益。晚餐席間
有音樂伴奏，飯後甜點絕不慳吝。他們焚香、灑香水，用許多
方法來提振用餐者的心情。他們想，這是正當樂趣，不必禁止。

　　城市中的生活大抵如此，但在鄉間由於鄰舍相距較遠，各
自在家裡開伙。食物供應充足，不在話下。畢竟，城裡一切食
物，原本即是鄉下所產。

烏托邦人的旅行方式

　　烏托邦人若要到另一城市訪友或旅遊，除非居住地有重要
事務，向智叟和總族長申請旅行許可無有不准。他們多結伴而
行，隨身攜帶市長署名的證件，上面載有返回的日期。公家提
供牛車以及驅車的奴隸一名隨行照料。但是，一群人中若無婦

（左側旁註）

尊敬長者

為今之世，
僧侶也甚少
這麼做

邊吃邊談

不符合今日
醫學保健之
道

正當樂趣不
受禁止

女，他們會視牛車礙事，捨去不用。他們出門在外不帶一物，行腳所至猶如居住家中，萬物俱備。若在某地停留一天以上，人人悉皆加入本行本業的生產，當地的工匠亦不以外地人待之。

若有人竟然未告假而擅離原籍地，被發現身上沒有市長所發之函，則必遭眾人唾棄，當成逃犯帶回，施以嚴厲的懲罰。此人若敢再犯，則遭貶為奴隸。若有人只想在戶籍區中遊逛，得到父親的允准和配偶的同意即可。但他若是出了城，到了鄉下，就必須做早晨或下午的半日份的工，否則就沒有當日的口糧。只要遵守這些規定，居民便可以自由地在戶籍區中活動，雖離開城裡，卻也不致成為閒散無用之徒。

諸位便可以明白，烏托邦中沒有遊蕩的可能，也沒有逃避工作的藉口。國中沒有酒肆或妓院，沒有貪瀆之機會，沒有藏身隱匿之處，沒有祕密結社之所。他們生活在眾目所視之下，每日勤謹從事各人本業，閒暇盡皆用於正途。如此的正派風俗使得國民能夠充分生產生活的必需品，而且由於共有共用，國中必然沒有貧戶或乞者。

聖賢之邦！基督徒應見賢思齊

在首都艾默若的全國大會中（如前所述，每年由每座城市舉派三位代表組成），首先要評估各區民生百貨的產量，迅速調節多寡，將一區之剩餘用於彌補他區之不足。以多補寡皆不求償，乃因彼此互相供輸多餘而求取欠缺者，整座島國猶如一個家庭。

平等交流因此沒有短缺

全國就像一個大家庭

他們積存足夠的糧食和物資之後（至少兩年的用量，因為下一年的產量難以掌握），才把其餘的輸往外國。這些鉅量的

烏托邦的貿
易

外銷貨品包括穀類、蜂蜜、羊毛、亞麻、木材、紅色與紫色染
料、皮革、蜂蠟、動物油脂、皮貨和牲口。貨品總額的七分之
一免費贈與該國的窮人，其餘則以合理的價格出售。他們從他
國輸入本國所缺之物（以鐵爲首宗），以及大量的金和銀。由於
烏托邦人實行外貿已有多年，他們業已累積令人咋舌的鉅量
金、銀和鐵。因此，他們並不介意對方是付現或賒帳，而實際

維護自家的
利益

上收到的皆爲期票。唯有一點，所有的交易他們都堅持官方出
面，由交易對方的市政當局負責，並不信任個人。期票到期之

如何累積金
錢

日，由市政當局向債務人收取金額，存入該市財庫，在烏托邦
人提領之前市政當局可以先行運用。事實上，烏托邦人甚少前
往兌領。他們認爲，自己既然不需要金錢，便不該向需要金錢
之人索拿金錢。唯有在借貸與他國，或者因戰爭所需，此時方
才要求對方付清前款。他們在國庫內持有鉅額金錢的唯一目的
是爲可能突發的險惡情況預做準備，尤其用於支付戰時所僱的

寧以賄賂手
段消弭戰爭
而不願生靈
塗炭

外籍傭兵的高薪，要求他們賣命作戰，而不願自己的國民上戰
場送命。他們更知道，錢多可以買通敵方的士兵轉而效命己
方，也能使敵方士兵或公開或暗地彼此猜忌作對。

　　因此，他們儲備鉅量的財富，但並不視爲珍寶。說到他們
對待財富的態度，真叫我難以啓齒，心想你們一定認爲我在撒

真是高明！

謊；要不是我到過烏托邦，親眼目睹一切，否則光靠旁人講述，
我也不會相信。一般來說，傳聞之事愈是異於尋常，愈難令人
置信。但是，由於彼邦的風俗人情在在都迥異於我們，他們對
金和銀兩種金屬的觀感如此之特異，有智之士應該不難理解。
畢竟，金錢在彼邦並不流通利用，只是儲存用以應付急需，或

者根本備而不用。有鑒於此，他們刻意以平常心看待金錢的材料，金和銀，務使國民將兩者僅視爲金屬，不覺其貴重。大家都知道，鐵的用途遠勝於金和銀。鐵在日常生活中的重要性猶如火和水，但是人若缺少金和銀則無大礙。只因兩者稀少罕有，人類出於愚妄故而視爲貴重。相反地，大地之母毫無私心，早將她的寶物──空氣、清水和沃土──盡皆置於垂手可得之處，但把虛榮無益之物隱匿於僻遠的所在。

> 金的實用價值不如鐵

烏托邦人如果把金銀加鎖，藏於高塔，百姓之中一定會有愚蠢之徒捏造謠言，說是市長與參議會抱有私心，意圖貪瀆自肥。當然金銀可以用來打造器皿或藝品，但是如此一來百姓心有所繫，必要之時（例如將這些金銀打造之物件熔化，用來支付軍人的薪資），他們必不願割捨。爲了避免這些問題，他們想出一個作法，完全契合他們的其他體制，但是與我們的卻是南轅北轍。這個作法除非我們親眼目睹，否則難以相信它會奏效，實在由於我們太看重金銀，愛而護之惟恐不足。彼邦之人用陶皿盛食，以玻璃杯飲水，造型樸素但手工精緻。但是夜壺及其他置於公共廳堂和家中的低鄙的用具，卻是用金銀打造。此外，奴隸身上的鎖鏈腳銬亦是金銀所做。更有甚者，罪犯被罰穿戴金子做的耳環、戒指和項鍊，甚至於頸箍，以誌其恥。如此一來，烏托邦人一旦必須全部割捨所藏的金銀，他們感覺只如捨棄緇銖小利，對他邦之人而言，卻有如挖腸剖肚之苦。

> 鄙視金子，何等的氣度！
> 金子打造的恥辱標記

海邊有珍珠，峭壁間則有鑽石和紅石瑠石，他們會隨手撿拾，但是不會刻意去尋找。拾到了，他們會擦拭乾淨，給孩子們拿去打扮穿戴。年幼的孩子覺得很喜歡，年齡稍長之後發現

> 幼童喜愛珠寶

只有幼童才穿戴把玩這些東西，他們也就擱下不要了。不用父母開口，他們出於自愛，自動放棄，就像我們的孩子，長大之後就不會再玩彈珠、小丑杖和玩具囡囡。

如此迥異於外邦的習俗也培養了烏托邦人非常特別的一種性格 。我在當地做客之時正巧有「訛你莫禮斯國」[18] 的使節團造訪艾默若，當時發生的事令我有深刻的體悟。訛國使節前去商討重要的事務，國會於是提前召開，每個城市派了三位代表。烏托邦鄰國的使節由於較常造訪，深知該地的風俗鄙視絲綢華服，更以金飾爲恥辱的標記，因此入境之時總是穿著粗衣素服。但是訛國之人因爲路途遙遠甚少前往，僅只耳聞烏托邦人服色一致，非常簡單，便據此認定他們無華服可穿，不得不將就寒傖。訛國使節心生傲慢，智慧全失，決定擺譜，務必令窮酸可憐的烏托邦人瞠目咋舌、驚爲天人。

於是三位特使以及隨從百人身著五顏七彩的錦服，浩浩蕩蕩地進了城。三位特使皆是該國的貴族，穿金色衣服，戴粗重的金製項鍊、金製耳環、金製戒指，帽上裝飾一串串閃亮的珍珠和寶石。事實上，他們身上所掛琳琅滿目的珠寶正是烏托邦人拿來處罰奴隸、羞辱罪犯和哄騙幼兒的物件。那天，他們趾高氣揚，擺弄身上的花俏打扮，故意和出來街上看熱鬧的烏托邦人比賽衣服的華麗，可真是一大奇景。訛國大使自以爲掙了面子，卻不知是獻了大醜，在場除了少數曾經出國遊歷的烏托

絕妙的故事

---

18 Anemolian爲借用 *anemolios*（多風、脹氣、吹噓）字源之虛構詞，含貶意。

邦人之外，圍觀的人對這個盛大的排場皆視為恥辱的標記，把
掛著金項鍊的大使當作奴隸，置之不理，反而對著一群人中最
不起眼的僕從鞠躬致意。觀眾之中的孩童早已拋掉珍珠和寶
石，如今看到幾位大使鑲滿珠寶的帽子，於是用肘輕推媽媽，
說：「您看那個大笨頭，還像個孩子般戴著那些珍珠和寶石！」 *說得真好！*
媽媽則嚴肅的回答：「別做聲，孩子。他準是跟著大使來的小
丑。」其他則數落金項鍊，說是無用又單薄，讓個奴隸一扯就
斷，或者甩一下就鬆脫，馬上就能逃跑。

大使們在烏托邦待了兩天之後，看見當地金子儲量之豐，
卻被人人鄙視，完全不同於他們本國把金子視為珍寶。他們也
看到，烏托邦人打造鎖鏈腳鐐加在一個有逃亡前科的奴隸身
上，所用的金銀還要超過他們三人身上穿戴的數量總和。他們
又羞愧又氣餒，接著又從交談中知道烏托邦人的習俗和觀念，
於是就把原來穿戴在身上昂首闊步的華麗行頭一概收起[19]。

烏托邦人無法理解，世上居然有人放著天上的星星與太陽 *珠寶的光影*
不去欣賞，卻要為那些光影曖昧的小小珠石著迷。他們更是訝 *確是曖昧，*
異，有人居然因為身上穿著高級羊毛服，便以為高人一等；不 *若是贗物光*
管羊毛多麼柔細，它總是一隻羊先「穿」在身上的，而羊走到 *澤更是慘淡*
哪裡都還是羊[20]。他們不解，像金子這樣本身並無用處的東西，
只因人逕自賦予它一個高價格，於是到處受人膜拜，其價值還
要在人之上。影響所及，致使一個愚蠢兼又邪惡的凡夫，居然

19　古典作家路西安(Lucian)和希羅多德(Herodotus)皆曾敘述類似的故
　　事。
20　摩爾受路西安影響很深。此一觀念首見路氏所著"Demonax"第41節。

能夠號令國中的賢人智者，只因爲他擁有一堆的金幣。但是，
一旦這名財主被家中惡奴竊佔財產（出於命運捉弄或由於玩弄

說得眞好，
也對！

法律——法律要翻臉時絕對不輸命運女神），他就淪爲他的下
人的下人，彷彿他的價值由他的金幣決定，他只不過寄生依附
在他的錢財之上。更嚴重的是，有人膜拜富有的人，既不爲了

烏托邦人比
基督徒聰明
太多

欠他錢，也不因爲受制於他。心生敬畏，只因其人有錢，但同
時也明白此人極爲慳吝，巧取豪奪，只要他有一口氣在，誰也
撈不到他丁點好處。

烏托邦人的行事態度一半來自平日生活制度的潛移默
化，不受上述的愚昧觀念之害，另一半則來自教育和閱讀好
書。雖然每個城市中專職讀書、免於勞動的學者數目不多（這
些都是自小品行優良智力過人，兼又努力向學的人），每個孩
子都要接受教育，成人則不分男女，閒暇時間都要讀書。

烏托邦人的
學習和訓練

他們學習不同的科目都用母語。烏托邦的文字詞彙豐富、
聲韻優美，又能達意。這個語言和它的幾種衍生語（出了烏托
邦國境難免變得參雜不純）在周遭地區通行甚廣。我們這幫人
到達之前，烏托邦人從來不曉得我們這邊的世界中人盡皆知的

音樂、邏輯
、算術

哲學家的名字[21]。但是，在音樂、邏輯論證、算術和幾何的幾
個領域[22]，他們既有的知識與我們的類似。他們在這些範疇的
成就和我們的古人不相上下，但是要論到邏輯辯證的花招，卻

---

21 廣義的哲學家，包括自然科學、數學、形上學和倫理學者。
22 音樂、算術、幾何和天文學是傳統七大學問（Seven Libral Arts）中的
高階領域，其餘三項（邏輯、文法和修辭）則爲基礎領域。摩爾所設
想的烏托邦人的教育依循傳統的人文教育核心課程。

遠不及我們當代的學者。烏托邦人還沒有發明「限定」、「擴大」和「假設」等繁複的規則；這些《小邏輯》書中所談的要目，我們的年輕學子都在修讀[23]。烏托邦人難以理解「第二內涵」的觀念，即便我用手指著一個高頭大馬的烏托邦人，他還是不懂「人」作為抽象的概念[24]。然而，他們卻已精確地繪出天體星球運行的軌道，發明了許多儀器，可以分毫不差地計算出太陽、月球以及當地舉目可以望見的星星的位置和動線。至於各個星球之間的離合頡頏，那套占星術的把戲，他們完全沒有想過。根據長期觀察所得，他們靠經驗來預測雨、風和其他的天氣變化。但是關於氣候變化的起因、海水的潮汐更替和鹽分濃度，以及天地的肇始和本質，他們有許多不同的說法。一般來說他們的看法大約不出我們古代哲學家們所說的，也同樣莫衷一是。因此，他們縱或有新的見解出現，是我們古代哲學家們沒有想到的，但是也很難在彼此之間達成共識。

在倫理學方面他們探討的主題和我們相同：心智、身體和外在的「善」。他們問，「善」這個名稱是適用於三者呢，或者只是用來稱呼心智的善[25]。他們討論「美德」和「享樂」兩

（右側欄註）

這樣說有諷刺味道

天文學

我們卻崇拜占星術

對物理學最沒把握

倫理學

善的不同層次

---

23 《小邏輯》(*Small Logicals*)為中古晚期興起的邏輯學的論述，注重辯證的細微枝節，摩爾甚為不喜，斥為末流。

24 「第二內涵」(second intentions)為抽象概念，分析各種「第一內涵」(first intentions)(對具體事物的直接感受)之間的關係。烏托邦人以人為實體，難以理解人的抽繹概念。他們所學之學問均與生活經驗相關。

25 烏托邦人雖然無緣得識柏拉圖和亞里斯多德，但是關心「善」的議題一如兩位哲人。摩爾藉此肯定人性中普遍存在的良知，因而不同時空的人卻有類似的關懷。

個觀念，尤其談到「快樂」，它的要素是「美德」和「享樂」二者擇一，或是二者齊備？關於這點，他們選擇「享樂」，認為人生之樂盡皆在此[26]。更令人稱奇的是，他們在宗教中為這個享樂態度尋找基礎，將哲學層次的理性辯論與他們的肅穆嚴厲的宗教原則緊密連結。他們說，人的理性要是少了宗教的原則，必然是軟弱而有瑕疵，又如何能夠探索生命的真正快樂？

他們維護的宗教原則如下：靈魂不朽；上帝造人，希望人類追求幸福；人死之後各依其美德和惡行而得獎懲。這些是關乎信仰的宗教原則，但是他們認為理性驅使他們去相信並且接受宗教原則[27]。他們堅持，如果拋棄了宗教原則，人便會輕率地追求快樂，良窳不分。他成天想著的，一定是怎麼去犧牲較小的快樂，來獲得較大的快樂，以及如何去避免必定會帶來痛苦的那些快樂。他們覺得以自虐的方式修養德性，放棄人世的樂趣，並沒有好處；而一味地忍受痛苦，只有瘋子才會去做。若果死後善行不受獎賞，那麼人一輩子清心寡欲痛苦渡日，也就白苦了[28]。

他們相信，只有善良和誠實的樂趣才會帶給人快樂，其餘則不然。他們說，美德本身自會指引我們去親近這種樂趣，因而臻於至善。有一個對立的學派則說，美德本身即是快樂[29]。

左側註：
至善
以無邪之樂為依歸
哲學應以宗教為前提
烏托邦人的神學

如今卻有不少基督徒懷疑靈魂的不朽

並非所有的樂趣都該追求；除非為修養德性，否則應避免受苦

---

26 烏托邦人的享樂主張並非追逐聲色（見下文）。
27 摩爾相信宗教和理性並存不悖。人依據良知即可接受宗教。
28 摩爾批評斯多噶學派（Stoics）的堅忍受苦說。
29 斯多噶學派認為追求美德的過程雖有苦有樂，但其結果必定是樂。烏托邦人的人生哲學折衷融合斯多噶與伊比鳩魯斯（Epicureans）兩學派。

烏托邦人說，順應自然過日子，就是美德；上帝造人目的像斯多噶學
即在於此。一個人服膺理性的驅使，有所爲，有所不爲，便是派所說
順應自然。最要緊的是，理性促使人去敬愛創造人類，並且賦
予人類追求快樂的本能的那位「神聖的君王」。其次，人因本
性使然，規避煩惱親近歡樂，自己努力達到這個目標，同時也
應該推己及人，幫助他人達到相同的目標。即便是稱頌美德最
力、譴責享樂最嚴的道德家，當他呼籲眾人應夙夜匪懈勞苦筋
骨之時，也不忘諄諄告誡濟貧助人的重要。人若能爲同胞人類
謀取福祉，更加值得讚美。人道之最尊貴之處（人道是爲人的但今日卻有
根本）在於解人倒懸，爲人排難，使人重拾歡樂。爲他人謀福些人擁抱痛
苦視爲宗教
尚且是美德，爲自己謀福豈非同樣合乎人性自然，有何不妥？之本質，而
快樂（即享樂）的人生若不是好事，便是壞事。若是壞事，那就不是道德行
不應該幫助別人去追求，相反地，還得視爲洪水猛獸，阻止別爲的結果或
無法避免的
人去招惹。若說助人求得幸福是該當所爲，那麼助人之際先助生命現象
自己，自愛愛人有何不當？愛鄰人乃是出乎本性，殘虐自己則
是違反自然。準此，烏托邦人說，自然天性驅使人類追求快樂
的生活，以此爲行事的目標；順應此一自然法則便是美德。人
的天性即是幫助他人盡能歡顏享樂：大自然之母睿智無私，視
天地之間人人平等，因此不斷訓誡她的子女，不得將一己的快
樂建築在他人的痛苦之上。

　　所以，他們主張人人必須遵守私人的協議以及公共法律契約和法律
（諸如針對民生必要物資的管制分配，以確保群體的快樂）。由
賢明的君主所策畫，經由全體人民依自由意志和明智的判斷所
同意的任何法律，人人皆應一體奉行。在法律許可的範圍內，

謹慎之人追求個人的利益；虔敬之人則同時追求公眾的利益；不公義之人則剝奪別人的利益來追求自己的享受。相反地，減損自身的快樂去增加別人的快樂，則是人道慈悲之人，他的福報必超過他的犧牲。行善可能有實質的回報；而行善之後的心情，回想起所助之人的感激，這般的快樂比起貪得財物之後肉體的歡娛，不知高明多少。最後，由於一個心術純正的人很容易接受宗教，他在世上所捨棄的短暫歡娛，上帝會在天堂補償給他無量無邊的快樂。準此諸多考量，烏托邦人的結論是：個人的種種行為，包括他內心的動念和內在的美德，莫不以「享樂」為真正的快樂以及最終的目標。

　　「享樂」指的是心意和身體的靜與動皆因順應自然而感受到歡喜。順應自然是人人心之所嚮往。人依感官和理智的指引，便能明白何謂順應自然的享樂：無害於他人，不排斥更高層次的享樂，更不致招來痛苦。但是，違逆自然的享樂則是虛妄、徒有其名的「樂」（改變事物的名稱，並不能改變它們的本質），萬萬不是真樂；它們其實是阻礙快樂的絆腳石。理由在於：一旦這些虛妄的「樂」剝佔了一個人的心智，便沒有空間接納真正的快樂，致令心智被假樂所掌控。世上有許多東西是邪念所滋養的魅惑，卻被訛傳為極大的樂事；其味實為苦澀，卻被誤奉為生存的意義，視為甘飴。

　　那些追求假樂的人包括我前面提到的，穿了華麗的衣服就自以為高人一等的人。這些人犯了雙重的錯誤：以為自己穿的衣服比別人好；又以為自己比別人高明。就實用功能而言，細的羊毛線一定比粗的好嗎？但是，穿著細羊毛布便趾高氣揚的

互助

享樂的定義

虛假的樂

不該追求外表

人卻以爲人以衣貴，妄想以衣著來提升自己的品格。他們要求
尊榮，衣著光鮮就以爲有此特權，若有人經過身邊而不向他們
敬禮致意，則大怒不已。要是沒有華服撐腰，哪敢如此。

　　喜歡別人對他鞠躬屈膝的人，豈不是一樣愚蠢？被別人敬
禮，看著他們彎曲的膝蓋和低著的腦袋瓜子，這樣就能得到真
實自然的快樂嗎？被人敬禮，自己的膝關節就舒坦了，還是自
己的腦袋就靈光了？另外有一種人追求的也是如幻影泡露的
假樂趣：爲了自己系出名門而驕矜，爲了僥倖擁有的歷代祖先
留下來的財富而得意（當今之日財富就是貴族的表徵），尤其爲
了祖上遺下的房地莊園而自滿。要是祖先沒有留下房產，或者
已經敗盡龐大的祖產，這些人依然認爲自己是貴族世胄，高人
一等。

　　這些人將自己和前面說過，迷戀珍珠寶石的那些人，歸爲
同類，得了一樣珠寶便覺已然成仙，愈是當時當地流行的樣
式，就愈是欣喜若狂（流行永遠因時因地而變化，因此不得不
講究）。收藏珠寶的人看上一件貨品時，一定要求賣方先摘卸
鑲邊的金料，要賣方出具保單，唯恐看走了眼，買到贗品。但
是他可曾想到，既然肉眼難分真假，那麼假的珠寶不是也能帶
給人同樣的樂趣嗎？真假豈有高下之分，有眼之人又何異盲
者？

　　有人積攢錢財不去利用，只爲瞧著好看。他們真能得到樂
趣，或者只是眛於假像，不懂真正的樂趣？另一種人正好相
反，把金子藏得密密實實的，一輩子不去看也不去用。這種人
又如何？他們擔心金子不見，就把金子藏匿起來，如此金子倒

笨人所受之
禮

虛有其表的
貴胄

珠寶提供荒
謬的樂趣

珠寶之價由
流行決定

很有道理！

真是不見了。你把金子埋到地底，自己不去碰，也不讓別人好好利用，這又何異於沒有金子？為此藏起了金子，彷彿吃了定心丸，高興極了。假設金子被人偷了，過了十年你死了，完全不知道金子早已不在。那麼，這十年之間，金子在或不在，豈有絲毫不同？對你而言，一樣都是無用的廢物。

擲骰子

打獵

我們朝中權貴卻以此為高尚

　　還有另外幾種他們認為是愚蠢的樂趣，像是賭博（烏托邦人僅止耳聞，未曾嘗試）、打獵和放鷹。在一張桌子上丟擲骰子，有什麼好樂呢？就算丟一次覺得有趣，一再重複同樣的動作豈不乏味？耳朵裡盡聽著狗兒吠叫，是有趣呢？還是聒噪得教人難受？狗兒追著兔子跑，會比狗追著狗跑有趣嗎？如果你愛看的是奔跑，狗追兔和狗追狗都是奔跑個不停，沒什麼差別。如果你愛看的是殺生，那麼看見它在眼前發生──一隻小兔子沒命地逃，弱者被強者折磨，膽小者被暴虐者撕咬，不礙事的兔子被殘忍的狗咬死──你應該心生悲憫才對。烏托邦人因此認為打獵這個活動不是自由人所當為，只宜交給屠夫（就是前面提過的奴隸）去做。在他們眼中，打獵是最低鄙之事，屠夫就可勝任。比起打獵，屠夫在屠宰場的工作要來得更有用和更誠實，因為在這裡宰殺牲畜乃是生活必需，不得不為。在打獵場上，獵者只為了逞一己之快，而虐殺可憐的小動物。烏托邦人認為，以目睹殺戮為樂（即便對象是野獸）的癖好，或許源自殘忍的性格，或許由於一再地享受虐他的樂趣，最終則養成殘忍的性格。

　　在一般人的想法中，諸如此類的活動都是樂事。但是烏托邦人認定它們不是真正的樂趣，因為它們不能引發自然的愉悅

之情。它們可以引起感官的快感，雖也算是一種樂趣，但是不被烏托邦人贊同。它們所引發的快感並非源自某個經驗的本質，而是源自無知群眾的邪惡習性，顛倒是非苦樂，就像懷孕的婦人味覺走調，說瀝青和肥脂比蜂蜜甘甜。一個人可能因為疾病或文化習俗導致口味錯亂，但真正的樂趣不受此二者的影響。

懷孕婦人的病態口味

烏托邦人將他們認可的樂趣分成若干類，分屬心智和肉體。前者包括知識之樂、悟道之樂，以及年老時回顧圓滿的一生，確信死後得享極樂，那時所覺之樂。

正確樂趣的種類

肉體的樂趣有兩種。其一為五官立即感受到的愉悅。例如，因天熱而勞乏的身體補充飲食之後的舒適；又如身體擺脫贅物的煩擾（諸如解便、分娩、搔癢等）。偶爾，除了補足匱乏或解除負擔之外，愉悅之感亦源自某種事物，它以一種幽微但確實的力量吸引、進而打動和激勵我們的感官。音樂便有如此的力量。

肉體的樂趣

第二種肉體的樂趣就是健康。身體各個部分協調平和，運作無礙。健康的身體不被病痛所苦，那麼不須外力的激勵就能感到快樂。健康之樂雖然和感官的愉悅無關（例如飲食所帶來的飽足之樂），但仍被許多人視為至大的樂。烏托邦人大多數認為健康是所有樂趣的基石，只要有健康，生活便可以平安喜樂，反之則毫無享樂的可能。人若只求離苦，不積極求取健康，他們覺得只是愚鈍渡日，何樂之有。

有健康才能享受樂趣

有人會說，身體平安無恙其實算不得什麼樂趣，因為一逕地健康，沒有病痛的相對感受，並不能明白健康之樂。烏托邦

人早就想到這層，也老早就斥爲無稽。他們幾乎一致公認健康
是快樂之所繫，完全不同意上述的說法，既然病免不了痛，而
痛是快樂的仇敵，一如病是健康的仇敵，那麼寧靜祥和的健康
狀態，才是快樂永駐的所在。究竟痛是一種病，或者是病所產
生的感覺，他們認爲不必區分，反正是同一種感覺。同樣地，
健康本身就是喜樂，也可以說健康是喜樂的原因（就像火是熱
的原因），重要的是保有健康的人一定也保有喜樂。

　　他們說，人感到饑餓時必需飲食，把食物視作對抗飢餓的
同志，以解健康之危。元氣恢復之後，自然感覺健康喜悅。這
個過程既能帶來歡喜，那麼完全恢復至健康的狀態豈不更叫人
快樂？既然對抗飢餓的目的是爲了拯救健康，人在恢復元氣之
後，當然會覺得舒服和歡喜。有人說，健康是無法感受的，烏
托邦人認爲不可思議。生病之人除外，健康的人在清醒的狀態
下，有誰不能感受自己是健康的？若有人厭惡健康，其人必定
冥頑至極。歡喜和樂趣是一樣的，只是名稱不同而已。

　　各種各樣的樂趣之中他們最看重心智的樂趣。肉體的樂趣
之中則以健康爲首，至於飲食之類的樂事他們也喜歡，但是如
果僅僅爲了保有健康而飲食，那麼飲食本身算不得樂趣，它們
只是工具，用來抵禦狡詐的疾病。聰明的人寧願躲避疾病，不
願吃藥對抗它；他覺得預防疾病，比等到生病再去吃只能治標
的藥要來得好。解除病痛雖是樂事，他們寧可拒絕此種樂事。

　　若有人以治病爲樂的話，此人必不能否認，他引以爲樂的
生活只是永無止盡地重覆饑餓、口渴和發癢的循環，緊隨著的
則是吃喝和搔癢。這樣活著豈不悲慘又令人厭惡？飲食和搔癢

之「樂」是最最下等的，最不純粹的，因爲他們總是緊跟著它們的反面之物——痛苦——而來。就說飢餓吧，它和吃的享受是脫不了關係的，但是兩者完全不相對等，因爲飢餓的痛苦過於尖銳，時間也過長；未嚐飽食之樂，必先捱饑餓之苦，而饑餓之苦結束之時，飽食之樂也已結束。烏托邦人因此不推崇口腹之樂，只視其爲生存之所必需。他們可以享受口腹之樂，感戴大地之母的恩賜，感謝她用甘美的滋味誘使她的子女，用愉快的心情去做他們爲了餬口活命，再勞苦也必得從事的勞動。饑渴猶如每日必得的病，假如要像其他的偶爾才得到的病一樣，要吃難以入口的藥劑才會痊癒，那麼人生可不是太淒慘了！

　　至於大自然特別賜給的三樣寶物——美麗、精力和機敏——他們則珍惜愛護。聲、相和味的享受他們視爲人生的佐料，是大自然給予人類的特許，可以得而用之。大自然界唯有人類能夠欣賞宇宙的形貌之美，人類不僅只爲覓食的目的才去品賞芳香的氣味，還要能夠分辨美妙的音樂和雜亂的噪音。烏托邦人享受種種樂趣之時謹遵一條法則：樂趣有高尚有低鄙，下爲者不得干擾妨礙上爲者，而且任何樂趣都不應該導致痛苦的結果。樂趣若果邪淫不正，必定會帶來痛苦。

　　此外，他們認爲若有人鄙視美麗的事物、削弱自己的精力、折磨自己而致心思獃滯、禁食而致身體空乏、損害健康以及棄絕所有正當自然的歡樂，凡此種種若非爲了增進他人福祉或公共利益，則是不智的行爲。若有人因公而害私，上帝必會賜予大福；但若替自己招致痛苦，對旁人卻毫無利益（得到的

僅止是那個稱做「美德」的空洞曖昧的表相，或者說是爲了將來某些或許永遠不會發生的橫逆預先磨練），他們認爲是極端瘋狂，其人之心智必然以自虐爲樂，大大辜負了大自然的仁德，彷彿爲了不承大自然的情，對她所賜給的禮物一概拒絕。

這便是他們對美德和享樂的看法。他們認爲人類竭盡理性思考之所能，若沒有上帝的啓示，使得智慧更開，絕對到不了更高的境界。現下我沒有空暇來談論這樣的看法是非對錯，也不以爲必須在此刻談論。我只是據實描述他們的原則，並不是爲了替他們辯護。我能肯定的是，姑且不論他們的原則的是非對錯，當今之世尚無任何人民比他們更優秀，也沒有任何國家比他們更安和樂利。

烏托邦人精爍敏捷，身材並不高大，但體魄強健，絕不瘦弱。他們的耕地並不特別肥沃，氣候亦非得天獨厚，因此懂得樸實度日以對抗天災，勤奮賣力以改善土壤，以致穀物豐收，牲畜興旺，人民的體魄堅實不易生病。我們在該地所見不僅是一般務農之人以勞力和專業知識彌補土壤貧瘠之憾。我們見到他們將一整座森林的樹木連根拔起，整批移往他地種植。這麼做的目的不在於增加產值，而在運輸的便利，因此把木材的產地規畫在海、河和城市的附近。木材比穀物不容易由陸路長途運送。

烏托邦人生性恬適、開朗和聰慧，喜歡自在從容地應對事務。勞動若能得到實際成效，他們願意含辛茹苦，否則不喜。他們努力不懈追求知識，聽到我們談論希臘人的文學和學問（在我們看來羅馬人除了歷史和詩兩方面的成就，其他無可觀

者，是以略去不提），他們那樣熱切地請求我們教授希臘文，
看著真叫人稱奇。我們於是和他們一起閱讀，起初是怕他們責
怪我們偷懶不肯教，並非寄望他們真能學到什麼。過了不久，
看到他們那麼用功，我們隨即肅穆以對，相信必定有所收穫。
他們很快就學會了字母，能夠準確發音，熟記之後更能背誦無
誤，真像是奇蹟。我們的學生多數是知名的學者，自然是因爲
他們特殊的學習能力和成熟的心智，才被選來參加；他們雖受
參議會選派，但同時也是自願前來。三年之間他們便已精通希
臘文，能流利地閱讀名家經典，若有不甚明瞭之處，皆因版本
文字有所訛誤。我感覺他們對希臘文如此迅速上手，大概由於
希臘文有點像他們的文字。雖然烏托邦文在很多方面與波斯文
相近，我猜想他們的祖先應該是希臘人，因爲他們許多城市的
名字和政府的官銜，都隱隱然源自希臘文。我在第四次隨船出
航之時，沒有置辦做買賣的貨物，卻帶了一大箱的書，下定決
心不再回返故里。這些書我送給了烏托邦人，其中有幾乎全部
的柏拉圖和亞里斯多德的書，以及西奧佛瑞斯塔士的《植物
說》，可惜後者殘破不全。在航行途中，我輕率地把它隨手擱
著，結果一隻猴子撿來玩弄，搗蛋之下扯壞了好幾頁。文法類
的我只帶了拉斯卡利士寫的那本，並沒有帶西歐朵拉士的那
本。字典類的有黑希丘士和第歐斯可列迪士的兩本[30]。他們很

烏托邦人聰
敏好學
我們的學者
卻是冬烘，
上駟之才卻
自甘墮落

---

30 西奧佛瑞斯塔士（Theophrastus）爲亞里斯多德的門徒。拉斯卡利士
（Lascaris）和西歐朵拉士（Theodorus）爲文藝復興時期的希臘文專
家。黑希丘士（Hesychius）的希臘文字典編於公元第五世紀，1514年
首次印行。第歐斯可列迪士（Dioscorides）的藥草詞典出版於1499年。

喜歡普魯塔克的作品和路西安的說笑式文體。以韻體詩寫作的
作品則有亞里斯多芬尼士、荷馬和尤里庇迪士，以及小號字體
敖杜世版[31] 的索弗克里士。歷史書籍則有修昔底地斯、希羅多
德和希洛迪安。

　　關於醫學的書籍，我的同船夥伴特里修斯‧阿平納吐士帶
來若干希頗克雷圖士的短論，以及蓋倫的《小技藝》一書[32]，
烏托邦人很是歡喜。醫學知識在該地使用的機會雖大不如其他
的國家，但是卻極受他們敬重，視為哲學領域中最精進和實用
的一門。他們認為，具備了哲學知識，人可以探究宇宙的奧祕，
不僅滿足自己的求知慾，也能取悅大自然的創造者。這位造物
者是位藝術家，創造了這個美妙的世界為的是展現他的鬼斧神
工——世上眾生又有誰比人類更有欣賞的能力？因此，這位造
物者必然喜歡細心敏銳的人，而不喜歡魯鈍如野獸的人，其人
雖面對壯麗的景色卻毫無所感。

　　心智之門開啟之後，烏托邦人神速地探求各種能夠提升生
活水準的技藝。有兩件發明歸功於我們的啟發：印刷術和造
紙。我們至少有部份的功勞，其餘的自然是由於他們本身的努
力。當時我們正拿出敖杜世版的索弗克里士給他們瞧，解釋紙
張是用什麼做的，之後字是怎麼印上去的。由於我們眾人都沒

學醫最為有用

研究大自然

31　敖杜世(Aldus Manutius)為依拉斯斯默斯的知交，於1502年出版索弗
　　克里世(Sophocles)的作品，用小號字體排版。

32　這些知名作家分別為：Plutarch, Lucian, Aristophanes, Homer, Euripides,
　　Thucydides, Herodotus, Herodian, Tricius Apinatus, Hippocrates, Galen.
　　《小技藝》(*Microtechne*)。

有實際的經驗，因此也只能約略地解說，無法談論細節。但是
他們異常聰明，馬上瞭解做法。他們傳統上只在羊皮、樹皮和
莎草作成的材料上書寫，自此便改用紙張，在上面印上字體。
剛開始時試做數次沒有成功，熟練之後便精通了這兩項技藝。
熟能生巧，希臘典籍到了他們手裡，他們便能大量複製。儘管
這些典籍只有我前面提到的那幾種，但是他們已經印了有數千
冊。

　　到島上遊歷的外地人只要有才氣，或者曾經到過各國見過
世面，一定會受到烏托邦人熱情接待。我們的經驗正是如此。
他們真是喜歡知道外面世界發生的種種事情。然而，當地甚少
有生意人去做買賣。烏托邦人只可能買鐵，否則就是金和銀。
這兩種東西別國的人也都想買進，誰會賣出呢？說到出口，他
們選擇自己運送，不願意讓陌生的外人上門來提貨。他們趁運
送貨物出口之便，能夠多方瞭解其他的國家，也能避免自己的
航海技術因閒置而生疏。

奴隸

　　戰俘之中烏托邦人只把那些他們親身參戰所俘虜的敵軍
充當奴隸。他們不令孩童承襲父母的奴隸身分，也不向外國購
買奴隸。本國公民犯了重罪，或者外籍人士在居住的城市被判
處死刑，這兩種人也是奴隸的來源，又以後者居多。烏托邦人
有時用很低的價格購買，但通常都不用花錢就可以帶回家，人
數不拘。這些奴隸必須全日服勞役，鎖鏈不離身。烏托邦人對

此邦的公平
正義

待本國籍的奴隸比外籍的加倍嚴厲，認為他們受過最好的智育
和德育，卻仍然作奸犯科，實在罪無可赦。戰俘和罪犯之外，
第三種奴隸是那些來自其他國家，勤奮但赤貧的苦力，自願待
在烏托邦當奴隸。烏托邦人視他們如本國公民一樣加以尊重，
但是鑑於他們習慣勞苦，因此派給他們較多的工作。這些人中
若有人想離開（事實上少有這種情形），完全不受限制，臨別之
時也會得到饋贈。

生病的人 　　我在前面提過，生病的人在醫藥和飲食兩方面都得到全面
而且貼心的照顧，以使他們早日恢復健康。醫療絕症病人主要
在減除其痛苦，來訪親友盡量陪伴病人聊天，安慰他們。但如
果所患的病不僅治不好，而且引起極度且持續的痛苦，神父和
官員們便會前來告知患者，他已經無法勝任人生的責任，對自
己和別人都是一項重擔，雖一息猶存，但已經失去生存的意
義。他們會勸他不要再讓疾病在他身上肆虐，既然活著只是折
選擇死亡 磨就不應苟且偷生，應該懷抱希望，了斷生死，脫離這個令他
受苦受罪的軀殼，自己破牢而出或者讓旁人拯救脫離牢籠。烏
托邦人認為這種做法是睿智的，這種方式的死亡並非終結快
樂，而是終結痛苦。況且，這麼做乃是服從教士（他們詮釋上
帝的旨意）的勸告，因此是虔敬神聖的行為[33]。

　　贊同這種說法的人或者自願絕食死亡，或者由他人協助，
沒有痛苦地死去。若不贊同則不強迫執行，病人仍然受到妥善

---

33 基督教禁止自殺行為。烏托邦人的安樂死必須先得教士的允許。摩
　爾以此方式解決自我矛盾，並且提升教士的權力。

照顧。烏托邦人認為，配合這麼做的人帶著榮耀死去，但是沒有得到教士和參議會同意而逕行自殺的人，不配接受土葬或火葬，其遺體不經任何葬儀，很不光彩地扔進沼澤了事。

女子年滿十八歲，男子年滿二十二歲，才可以結婚。婚前偷情若被發現，男女兩造都要受到嚴厲的處罰，除非得到市長的特赦，否則兩人終生皆不得婚嫁。當事人的父母由於疏於管教，會遭到公開羞辱。如此重罰的理由在於：婚姻生活中一個人被限制和單一的伴侶相處，面對無數瑣碎無聊的摩擦，婚姻制度若不以重罰嚴禁非法的性愛，那麼恐怕沒有人會安份守貞。 **婚姻**

選擇配偶時他們肅穆地遵守一項習俗，可能會讓我們覺得愚蠢荒謬之至。不論出嫁或再嫁，女子由一位受人敬重的婦人陪同，裸身面對她的追求者；同樣地，追求者也由一位有名望的男士陪同，裸身面對這位女子。我們或許會嘲笑這個習俗，斥為荒唐；反之，烏托邦人對他國人民的愚昧也是吃驚不已。一般人買一匹小公馬，不過區區之數，卻是小心翼翼，馬身已然赤裸猶不放心，唯恐鞍具蓋毯底下暗藏膿包，必得卸下驗證無誤，方才付款成交[34]。但是，擇偶一事攸關兩造後半生是幸福或是怨懟，男子卻草草將事，任令女人全身緊裹衣物，只看見她唯一露在外頭的臉，這麼一塊巴掌大的部份，就決定娶她。婚後要是發現對方身體某部份有不能忍受之缺點，豈不冒 **寧可謹慎，不要拘泥禮教**

---

34 柏拉圖在《法律》一書中亦曾建議青年男女於婚前裸裎共舞，以求徹底認識對方。摩爾受到甚多柏氏的啟迪，此為另一例。

著日日爭吵的忒大風險？天下人並非個個睿智，單以人品考量
配偶；即便其人饒有智慧，也難免喜好美麗的外表，盼望內在
的美德亦能有外貌相襯。衣物底下當然可能掩藏畸形肢體，嚴
重得使男子對其妻心生厭離，但是此時依法卻又無從分手。婚
後若有一方因意外而致肢障或破相，另一方必須認命無悔；但
是婚前則受法律保護，兩不相欺。

　　他們對於婚姻必須加倍小心，因為在他們那一邊的世界裡
烏托邦是唯一實行一夫一妻制度的國家，也因為他們的婚姻關
離婚　係多是至死方休。由於通姦或極度惡劣的行為而被允許離婚，
只是少數案例。離婚案例中，受害的男方或女方會獲得參議會
的許可再婚；加害的一方則遭羞辱而且終身不得再婚。妻子未
嘗犯錯，若只因身體有缺陷，丈夫絕對不得片面休妻。烏托邦
人認為一個人最需要親情安慰之際卻遭到拋棄，實在太殘忍。
他們同時認為，人老了不僅病痛不離身，年老本身便是一種病
症，正需要被孝養。

　　婚姻關係中偶爾會見到夫妻個性不合，彼此都另有中意的
對象，可以和睦過生活。此時若經參議會許可，加上雙方同意，
便可分手另行婚嫁。這類的離婚案件事先一定要經過參議會代
表和他們的妻子謹慎地查察確認。離婚許可不輕易頒給，以免
有人以為再婚容易，不去鞏固夫妻之情。

　　違反婚姻約束的人被貶為最苦的奴隸，以資懲戒。通姦的
兩造若皆已婚，皆須與配偶離婚。兩人的配偶如果樂意，可以
結婚，否則亦可另與他人結婚。但是，受害的一方如果仍然對
那不值得愛的出軌者懷有愛情，而且心甘情願與那已被判為奴

隸的人一起服勞役，那麼這樁婚姻可以保持。有時市長考量出
軌者的悔悔之心和無辜者的堅貞不渝，受到感動，便恢復了兩
人的自由。若有再犯則處死刑。

其他的犯行都沒有明定的刑罰，由參議會視情節的輕重，
個別裁度。嚴重失當的行爲才交付公開處罰，否則由丈夫責罰
妻子，父母責罰子女。一般而言，犯罪情節嚴重者被貶爲奴隸，
用意再於以重刑峻罰遏止犯罪意圖，一如死刑的用意在於消除
犯罪；罪犯罰以勞動，使其生產力能夠裨利國家。奴隸可以貢
獻他們的勞役，處死之後則毫無價值。他們活著勞苦，也可以
永遠且活生生地提醒眾人，做惡沒有好下場。奴隸若果肇事作
亂，即便鎖鏈鐵柵也無法綑綁降伏其心，只好像宰殺野獸一樣
將他們處死。如果他們悔改向善，並以行爲顯現悔悔，即可藉
由市長的特許或者公民投票，減輕或完全取消其勞役。

> 由參議會決
> 定刑罰

誘人通姦未遂與通姦的行爲罰度一樣。烏托邦人認爲，刻
意且完善地規劃一項罪行，等同已經犯下罪行，既已付諸行動
並期盼成事，最後雖敗露未成，當然不能因其未成而給予減刑。

> 誘姦未遂的
> 刑罰

烏托邦人極爲喜愛憨傻的人，認爲輕賤他們是可鄙的行
爲，他們欣賞傻子的渾沌愚魯，覺得如此資質是一種福份。若
有人心性嚴苛，認爲傻子的舉止和說笑甚爲無趣，他們便不會
將傻子交付此人看管，以免如此之人既認爲傻子無用又無趣
（趣味是其僅有的稟賦），一定不會善待他們[35]。

> 傻子令人歡
> 喜

---

35 傻子是低智商的男子，說話於童趣中常見機鋒。當時貴族養在身邊
逗趣。摩爾家中即養有一名傻子。

　　若有人嘲笑畸形或跛足者，此人會被斥爲愚昧邪惡，竟然
不知肢體殘障並非出於人之自願。

　　烏托邦人雖然認爲一個人如果不修邊幅，忽視自己的天生
麗質，那麼此人性格必定散漫懶惰，但是他們也反對化妝美
容，認爲是可恥的造作。他們體驗到，爲人夫者敬重妻子的人
品與謙遜，而不是她外表的魅力。男人中或有一時惑於美貌
者，但是能夠長久牽繫他們的，唯有妻子的美德和順從。

　　他們不僅用重典來嚇阻犯罪，更藉由公開表彰榮譽來激發
國民向善。他們爲那些有功於國家的人在大街市集豎立雕像，
紀念他們的德行，期許國民能夠見賢思齊。

　　若有人爲自己謀求公職，四處請託，反而會被剝奪資格。
烏托邦人彼此和睦相處，擔任公職者從無傲慢之心，亦不擺出
高不可攀的姿態。他們被稱爲「老爹」，言行舉止頗是穩重。
他們不因擔任公職而強迫國民敬畏他們，但是國中之人都能自
動地尊敬他們，對他們心悅誠服。市長的穿著與國人唯一的不
同並非一襲華袍或一頂皇冠，而是他身上所佩戴的一束麥穗，
至於大主教的標記則是捧在胸前的一枝蠟燭[36]。

　　他們甚少制定法律，平日的教育使得他們並不需要以繁複
的法律來綑繩行爲。他們覺得其他國家最大的弊病在於，法律
條文和解釋文多如牛毛，卻仍然不敷使用。用一套多得讀不完
又晦澀難懂的法律來約束百姓，完全不合乎公義原則。至於律
師，他們完全排斥，認爲這個行業專門撥弄是非，橫生枝節。

虛假的美

獎勵善行

禁止拉票

尊敬官員
市長的官服

法律甚少

律師爲無用
之徒

---

36 麥穗象徵豐盛，蠟燭象徵智慧之光。

在他們看來，人人都可以為自己申辯，向律師說的話可以源源本本地向法官說。如此，事情可以更明晰，真相更容易獲得。當事人坦誠的告白沒有經過律師狡猾的指導，法官仔細地審察細節，保護篤實純樸的人不致受到狡獪之人的不實指控。這種簡樸無華的作風在別的國家難得一見，究其原因全在於後者的法律既多又複雜萬分。在烏托邦國裡，人人都是法律專家，因為條文甚少，這點我已經提過，而且在他們看來，對法律的解釋愈是明晰就愈公平。他們說，施行法律唯一的目的在於告知國民謹守義務。鑽研條文的所謂微言大義令人困惑，因此達不到勸誡的效果，簡單明瞭的法律知識卻是人人可懂。法律的敘述如果不清楚，它就毫無用處，對樸直的人而言（多數的人屬於這一類，必須教導他們，使他們知道職責所在），法律如果只能依賴陰險之人來解釋操弄，不如沒有法律。尋常百姓天資遲鈍，加以每日必須工作餬口，即便學習終生，也難以瞭解繁複的法律。

烏托邦的鄰國許多都是自由獨立的國家，他們多半得過烏托邦人協助，而脫離暴政統治。這些國家仰慕烏托邦的德政，主動請求烏托邦派遣官員前去，駐節一年，或者五年，任期屆滿時由駐在國使者伴送，返回烏托邦接受褒揚功勳，再迎接繼任者前往赴任。這些鄰國的人意欲鞏固國家體制，因此如此用心討教規劃。他們深知國家體制的成敗繫於行政官員的品德操守。不貪財的烏托邦人豈不是最妥慎的人選？向此邦借來之人任期不長，錢財帶回國內沒有用途；來到他國城市猶如陌生人，因此不致有黨派私心。人心一旦起了貪婪和群黨伐異兩種

念頭，就會失去公正平衡，毀了這道維繫社會的最強固的力量。烏托邦人稱呼這些向他們借調行政官員的國家為「盟邦」，而僅以「朋友」稱呼其他受過他們幫助的人。

論結盟締約　　　其他的國家，不斷地彼此締約、毀約或者續約，烏托邦人卻完全不與他國締約。他們說，如果人類的本性中缺少對他人的忠誠，締約又有何用？如果有人對人性法則刻意漠視，又如何能相信他會遵守文字的承諾？在他們周遭的國家，統治者之間的結盟締約泰半形同虛設，這一點他們非常確定。但是，在歐洲，特別是虔信基督的地區，盟約被尊為神聖不可毀壞。其中原因部分由於各國君王乃公義有德之人，部分由於人們對歷任教皇敬畏有加。教皇們重然諾，有所約定必定履行，因此也責令各國君王亦務必遵守約定。若有君王不聽從，教皇即加以斥責並強迫履約，這種做法很有道理。君王既然名號之後加稱「虔敬的」，如果失了誠信，豈非可恥[37]。烏托邦那頭的新世界，民情風俗和我們相去遙遠，猶如兩者地理位置的遙遠，中間橫亙著赤道。他們不信任條約，認為繁文縟節愈多，誓言愈莊嚴隆重，所締之盟約崩毀得愈快。締約者經常先在行文之間埋下破綻，屆時便可輕易據以毀約。期待一則盟約行文淺白和條理分明，使得締約國無從鑽尋漏洞，背信棄盟，猶如緣木求魚。如此之手腕（姑不稱其為欺詐）若施用於私人契約，政客們必定對兩造雙方加以撻伐，斥為褻瀆神聖，罪可致死。但是，

---

37 摩爾在此反諷歐洲的實況，各國君王及歷任教皇多為缺乏誠信的締約者。

同樣一批政客向君王獻上同樣的計策，卻又自詡爲聰明機巧。
如此遂令國民覺得所謂正義其實僅是卑微庶民的美德，爲尊貴
的國君所不恥。或者他們會認定正義分爲兩種，一種是平民
的、貧賤的，只會在地上匍匐爬行，四處碰壁，披掛鐐銬，難
以施展的正義；而另一種則是君侯的正義，比諸前一種高貴，
故而不受束縛，可以爲所欲爲，也可以不爲所當爲。

　　君侯們如此輕賤盟約，在我看來正是烏托邦人不願締結盟
約的原因。他們若身處我方社會，或許會改變心意也未可知。
總之，他們認爲簽訂盟約即便遵行不悖，也是不智之舉。盟約
的涵意在於將大自然的屏障（小如矮丘或淺溪）所隔離的人
民，用非自然的條約連結在一起。締盟的基本假設是：雙方生
來即爲對手及敵人，若無盟約的約束，則可正當地消滅對方。
此外，他們不以爲盟約能夠確實促進友好關係；條約之行文若
果有所疏漏，又無防堵弊端的但書，雙方仍有權利彼此攻打。
再者，烏托邦人更認爲只要人不犯我，便不應該以敵人視之，
而民胞物與的精神本身便是一則盟約，人與人的連結依賴善
意，會比依賴條約更爲有效，真誠會比文字更爲可靠。

戰爭

　　烏托邦人極度鄙視戰爭，視爲禽獸的行爲，但是動物之中
卻以人類最爲好戰。世上之人唯有烏托邦人輕賤戰場上的功
勳。然而，在特定的日子中烏托邦人不分男女，都要接受鬥志
昂揚的軍事操練，一旦戰事發生即可應戰。他們參戰必定師出

有名：爲捍衛國土，爲友國驅逐入侵的敵人，或基於人性中的
惻隱之心，解救被暴政奴役欺壓的他國人民。他們宣戰，有時
爲了解除朋友眼前的危難，有時也爲報復舊時受到的加害。但
是在介入爭端之前，他們一定事先被知會戰爭的原因，贊同這
個原因，而且要求對方彌補過錯卻遭拒絕，才會主動發起戰
爭。凡此皆是他們作戰的先決條件。他們以戰爭爲最後的手
段，或由於友國遭到劫掠，或者更有甚者，由於友國的商賈在
海外他國遭到勒索敲詐，而加害國假借正義之名，以不公平的
法律爲藉口，或以扭曲完善的法律來遂行其目的。

　　在我們到來之前不久，烏托邦人爲了泥飛夐吉特人向俄老
波里士國宣戰，原因正如上述[38]。旅居俄老國的泥飛人被以不
正當的理由遭到侵權。兩國爭執不下，迅即演變爲一場猛烈的
戰事，雙方投入精銳部隊作戰，鄰近國家也支援人力物力，致
使有些國家榮景不再，有些更是動搖國本。儘管俄老國即便在
戰爭之前國力遠勝過泥飛國，紛擾不斷的結果，最後俄老波里
士人棄械投降，由烏托邦人（因爲他們選擇不介入）解送至泥飛
國充當奴隸。

　　雖然戰爭僅起因於金錢的糾紛，烏托邦人仍是如此嚴厲地
懲戒惡人，爲朋友伸張正義。但是，若是自己的利益受到侵犯，
他們卻不如此嚴厲處理。在國外財貨被騙，只要身體平安，他
們表達怒氣的方式頂多是切斷和對方的貿易關係，等到對方提

38　Nephelogetes，意爲「誕生於雲端的人」；Alaopolis，意爲「無民之
　　邦」。兩詞皆摩爾所造，見出他玩弄虛實的嬉戲手法。

出賠償之後再恢復通商。這麼做的理由並非因為他們看重盟友，不看重自己的國民，而是因為友國的商人失去私人的財貨時，心情比諸自己的國民來得悲苦。相反地，烏托邦國的商人失去的是公有之物，而且是國內庫存富足且供過於求，才用於外銷的物資。因此，烏托邦人並未感受個人有所損失。如此細小的損害既不影響國人的生命或生活，實在不宜以殘酷的手段報復，而致生靈塗炭。但是，若有烏托邦人在國外受到殘害甚或喪命，不論加害者是政府或是個人，他們會先派遣特使前往瞭解狀況，接著要求對方交出有罪的人。如果被拒絕，他們絕不拖延，立即向對方宣戰。作惡害人之徒會被處死或貶為奴隸。

烏托邦人血戰得勝之後感覺困擾而且慚愧，即使為了稀世之珍寶而戰，耗費如許高昂的代價也是愚蠢不智的。設若以智謀取勝，他們則欣喜異常，大肆慶功，並設立碑塔紀念此一盛事 。他們以智取勝而自豪，認為如此才是展現人類之大勇，是其他動物所做不到的。熊、獅、豪豬、野狼和猛犬等野獸利用身體爭鬥，體能都比人類更勝一籌，但是智力和理性皆不及人類。 昂貴的勝仗

烏托邦人打仗的唯一目的是確認如何事先防止戰事，寄望說服敵方讓步不戰。若果不成，他們則揪出元兇施加報復，使對方心生恐懼不敢再犯。他們儘速達成說服或威嚇的兩個目的，以避免製造危險，並不求戰功霸名。

一旦宣戰，他們則派遣間諜，於同一時間在敵人境內顯要的地點插立告示牌，告示文上並蓋有烏托邦國的官印。在文中

他們許諾重賞，將頒給刺殺敵國國君的勇夫。他們另外列出一份獵殺名單，分別許以略少、但亦豐厚的賞金。名單所列者是他們認定爲國君之下，最該爲圖謀侵害烏托邦國負責的人。要是活捉刺殺名單上所列之人，則賞金加倍。他們甚至也提供同樣的賞金，外加保證人身安全，給予名列單上，但是舉發共犯之人。如此一來，敵人很快就會彼此猜疑，昔爲同黨共謀，如今互相猜忌，整日活在極度驚恐之中。他們清楚知道，自己周遭包括國君在內，許多人都被親信所賣：重賞賄賂的效果遠遠大於訴諸仁義忠信。烏托邦人深諳其理，許諾重金毫不吝惜。他們亦知密報者所冒之險，於是依危險之程度訂定賞金之多寡，言出必行，給付巨額的金子與位於友國安全地點的昂貴房產。

其他國家的人對於這種出高價收買敵人首級的做法大加撻伐，認爲是卑鄙之徒的殘暴惡行。但是，烏托邦人讚許爲睿智之舉，藉此他們不用實地作戰而能獲致輝煌戰果；他們也讚許爲人道之舉，僅只犧牲少數罪有應得的人，卻能保全雙方多數無辜、不該戰死沙場的人。他們憐惜敵方軍人的性命，猶如憐惜自家人民，他們明白一般大眾走上戰場並非出於自願，而是被瘋狂的君王所驅趕赴死。

如果賄賂的計劃行不通，他們會慫恿國君的弟弟或其他皇親謀奪王位，製造分裂。萬一內鬥平息，他們便重新鼓動鄰國的歷史仇恨，向敵國重提王位繼承權的爭議。這類繼承權的爭議在皇室之間比比皆是。烏托邦人對軍事援助做出承諾之時，在金錢方面非常大方，但是絕不輕易派遣百姓前去參戰。他們

珍惜本國國民，若能以一位國民交換敵國的君王，也不願爲
之。但是，金銀兩物本爲戰事而儲備，他們絕對捨得，即便全
數耗盡，對於百姓之生活亦無絲毫影響。更何況，除了藏於本
國的財貨之外，他們在海外更有鉅額儲蓄。如前所述，許多國
家都是他們的債務人。他們從各國僱請傭兵，爲數最多的是札
波人[39]。

　　札波人住在烏托邦以東五百英哩，粗野兇悍。他們世代所
居的山林一如其民族性，粗獷險峻。這個族群吃苦耐勞，不畏
寒暑勞役，不知奢逸爲何物，住居穿著盡皆儉樸。他們不事耕
稼，但從事畜牧。多數人依賴狩獵以及偷竊維生。他們天生是
戰鬥好手，亦樂於尋覓參加戰鬥的機會。他們大量往國外發
展，爲了區區薪酬便受僱成爲軍人。他們唯一的謀生技藝便是
殺戮。

　　札波人效忠僱主，奮勇作戰，別無貳心，但不願受契約束
縛。任何人，包括敵方，若付給更高薪酬，他們隔日便會易主
效忠；再隔一日，原僱主若再添加一分五厘，他們又會回頭。
他們幾乎每役必會輪流替敵對雙方打仗。因此，他們之間有血
緣關係者或曾爲好友者，常因各事其主而對陣戰場，完全拋開
血緣及友誼考量，殺得眼紅，互置對方於死地，只因兩邊敵對
的君王所付給的區區小錢。他們如此計較金錢，一天的薪酬只
要差個錙銖之數，便能使得他們倒戈換邊。他們雖然迅速學到

---

39 Zapoletes, 意爲「忙碌的商人」，暗指瑞士傭兵。瑞士傭兵雖視錢如
　　命，但驍勇不畏死，爲當時歐陸君王所愛雇用。

貪婪，但未必能撿到便宜好處；他們搏命所賺的錢馬上浪擲在
最低鄙敗德的場所。由於烏托邦人給付的薪酬最高，札波人隨
時待命效勞。烏托邦人素來奉行用人唯才，僱用這群最壞的人，
用在不體面的用途。在緊急時刻，他們付給札波人鉅額獎賞，
利用這群人深入最危險的境地，其中多數人沒有活著回來領
賞，但是有幸存活的人確實領到了報酬，來日必會再度效命。
究竟有多少札波人死在戰場，烏托邦人並不關心，認為若能藉
此將這類邪惡不靈的人渣從地表掃除，未嘗不是造福人類。

　　烏托邦人僱用所幫襯的交戰國人民作為札波人的副手，參
戰的另外還有其他友國的人，最後加上烏托邦本國人，由其中
英勇善戰受人崇仰者統帥全軍。另置兩位備位統帥，平日並無
正式軍階。但若統帥被俘或戰死，兩位備位統帥之一接掌其
位，若再戰死，繼續由另一位接替。戰爭之中不可逆料之事甚
多，有此一措施便不致全軍潰散無首。

　　軍人選自各個城市的志願者。若非自願，他們不會被強行
徵調至外國參戰。烏托邦人認為，一個人若生性怯懦，其行為
多半軟弱，更有甚者，此人可能於同袍之中傳播恐懼。但是若
有外敵入侵本土，他們便徵調怯懦（但體魄強健）之人，安插於
船上與勇敢的人併肩作戰，或配置於國境內的某處碉堡，令其
無可逃匿。由於多重原因（愧對國人、敵軍壓境以及逃亡無望），
怯懦之人終能克服恐懼，置於死地之後卻能生出勇者美德。

　　男子不必違反意願赴異國打仗，女子若願意陪伴丈夫參戰
不僅不被禁止，甚至獲得鼓勵與讚許。妻子隨夫出征，於戰場
併肩抗敵；此外，政府將其子女與血親、姻親安置於附近，使

得近親能夠順應天性，彼此關懷支援。夫妻若有一人單獨返家，或有兒子失去父親而返，將被眾人詬罵。萬一敵人得勢，肉搏戰必定會血腥而持久，其結果將是戰至最後一兵一卒方見分曉。

烏托邦人盡量僱用傭兵代為打仗，謹慎將事避免國民參戰。但若被迫參戰，他們亦能驍勇戮力，一如之前他們竭力避免戰爭。戰爭初期他們並不刻意兇猛，但是隨著戰事進展，他們愈益堅毅，頑強抵抗，士氣高漲，寧死不屈。上戰場的人知道後方家人受到妥善照顧，也不擔心家人往後的日子（這樣的掛慮最能磨損戰鬥意志）。他們的士氣昂揚，敵人無法折服。烏托邦人精於戰技，信心飽滿；他們自小接受良好的人格教育（拜教育及社會制度之賜），更增長打仗的勇氣。他們不輕賤生命，任意拋擲，但也不貪生怕死，淪為逃避責任的可恥之徒。

戰事最激烈之際，由一群宣誓守密、最為勇敢的年輕人組成一支特戰隊伍，前往敵營刺殺敵方統帥。他們或採正面攻擊，或設下陷阱，四面埋伏。若事未成而體力不支，則由後繼者接手，繼續行動。除非敵帥棄逃，否則終將遭特戰隊刺殺或生擒。 以敵方主帥為攻擊目標藉以速戰速決

烏托邦人於戰勝凱旋之際並不殺戮屠城，寧可俘擄降敵。他們謹記，於乘勝追擊之時必定保留一支隊伍隨時待命。若因此後備隊伍之功而得勝，敵軍皆已潰逃，他們也謹記不追敗軍，以免我軍騷亂。他們記取以往的經驗：歷史上曾有敵方幾乎要徹底擊敗烏托邦軍隊，但後者憑藉少數後備勇士，覓得機會突襲對方，趁其戒心不足，組織散亂之時攻其不備。如此一

來，戰局全面逆轉，將敵人眼看到手的勝利奪了回來，於挫敗
之中反而勇挫敵軍。

　　烏托邦軍人擅長埋伏突擊戰，也精於避免被埋伏突擊。別
人以為他們要退兵撤走之時，他們卻不如此盤算；一旦他們真
要撤退，卻又任誰也猜想不到。如果敵眾我寡，又缺地利之助，
他們會趁夜移防，或以計謀脫身。若在白天撤軍，他們逐步為
之，秩序井然，此時之戰力與進攻布防之時一樣會令敵人喪
膽。他們在駐營地四周挖掘深廣的壕溝，將掘出的土往內堆
砌，形成一圈厚實及胸的牆。這份工作不假勞役之手，除了在
壕溝外站哨，預防敵人突擊的衛兵之外，由全體軍士參與完
成。由於人手充裕，他們的防禦工事堅固異常，並且以驚人的
速度圈起廣大的區域。

盔甲的設計　　　軍士穿戴的盔甲堅硬密實，經得起重擊，穿在身上亦可靈
活移動，甚至無礙游泳。他們訓練的內容包括穿著盔甲游泳。
在長距離作戰時他們使用弓箭，軍士們臂力十足，箭法神準，
馬上騎射與定點立射無分軒輊。近身作戰時他們不用刀劍而用
戰斧，鋒利且沈重，能搠能劈，具有致命殺傷力。他們善於發
明戰爭利器，但是事先秘而不宣，以免提前曝光受人恥笑，前
功盡棄。設計新武器時他們首先考量易於移動和瞄準[40]。

停火　　　　　一旦與敵人協議停火，烏托邦人以虔敬的心情絕對遵守，
即使遭到挑釁，也不輕易破壞協定。他們攻克敵人領土並不掠

---

40 摩爾描繪烏托邦人的戰技，揉合了羅馬人的防禦工事和英國人的箭
　術。

奪燒搶，反而儘可能避免人馬踐踏耕地，認為熟成的麥穀亦可
供己方利用。被擄獲之敵軍若非間諜，他們不會傷其身體。投
降的城市予以完整保全，即便有破城的舉動，他們並不擄掠財
物，但會將阻撓投降、奴役民眾之人處死，平民百姓則不加害。
若知民眾之中有人曾提議投降，他們會從遭處死之人的財產提
撥部分，給予這些人。剩餘部分則分給其他襄助有功之人，烏
托邦人分文不取。

戰爭結束之後，烏托邦人向戰敗國，而不是向他們所協助
的盟國索取賠償，抵付參戰所耗費用。這些賠償有的以金錢計
算，儲存以備未來的戰爭所需，也可以用房屋抵償，如此則每
年可以獲得可觀的收益，永不枯竭。他們現在已經在許多國家
擁有這種收益，點滴累積，每年已達70萬金元。烏托邦國民中有
人奉派出國，管理房屋，收取滋利。他們住在所管理的房屋中，
生活豪逸有如王公貴族，但是能夠積存為數頗多的現金繳回國
庫，或者放給當地國民。烏托邦人多選擇於當地放貸，等到需要
動用現金時再行收回，但是也從來未曾全數收回。他們也將部分
的房屋贈予當地百姓之中策反有功者，這點前已說過。

我們卻是由勝方負擔龐大軍費

如果有任何國君竟然向烏托邦宣戰，準備揮軍入侵，他們
迅即派遣一隊善戰之軍伍在境外迎敵。他們絕不願在國境之內
興兵，也絕不把外國軍隊引進自己國土協助作戰。

烏托邦人的宗教

烏托邦境內有各式各樣的宗教，甚至一座城市之中宗教形

式亦不統一。有人拜神，有人拜太陽、月亮，也有人拜其他的
星球。另有些人崇拜古聖先賢，敬仰其高德隆勛，視其為最高
的神祇。但是，全國人民中的多數和最有智慧的人卻別有信
仰：他們相信唯一的神，不知其名，永恆不朽，無法度量，是
人的智力無法解釋，其影響力雖肉眼不能得見，卻充塞於宇宙
之中。他們稱祂為父，並視祂為萬物的起始，萬物賴祂而繁殖、
發展、衍變並且終止。他們並不崇拜其他的神祇。

　　境內其他的宗教雖在許多方面與此一主要宗教不同，但是
卻也一樣相信宇宙之中只有一位主神，是至高無上的造物主與
統治者。烏托邦語稱為「密斯拉」[41]。其他的次要宗教各以其
特殊觀念主張這位至尊神祇的神格。但是，他們也逐漸拋棄原
來信仰中的迷信成分，融入較為理性的主要宗教。這些次要宗
教沒有完全絕跡，原因在於有些不順遂的事件發生，雖是偶然
巧合，卻被有意改教的人解釋為神明發怒，覺得是由於自己心
生悔叛，因此遭致神明報復。

　　但是，他們從我們口中得知基督的名字、基督的教訓、生
平、所行的神蹟，以及效忠於祂的信徒如何揮灑熱血而使萬邦
歸順的可歌可泣的情操，便殷切地信服皈依。此一情況或者因
為上帝的啟示感召，也或者因為基督教和烏托邦人的主流宗教
本來就很相似之故。此外，我也認為他們受到感召，也因為基
督讚許門徒們奉行共產的生活方式[42]，直到今日，在最虔誠的

41　Mithra之名取自古波斯最崇高的神祇。
42　參見《使徒行傳》第2、4章。

基督徒之間仍然被奉行不悖。理由雖然不一而足，總之有爲數 僧院之中
甚多的烏托邦人加入我們的宗教，領受洗禮的聖水。

　　這時，我們這群人中已有兩人死去，餘下的四人之中沒有
教士，很是可惜。因此，烏托邦人雖然已接受了若干聖禮，卻
還缺少在我們的宗教裡只能由教士主持的其他幾種[43]。他們瞭
解這些聖禮的意義，也非常渴望接受。他們熱切地辯論，烏托
邦人是否可以不藉由教皇指派的主教前來授印，自己選出一名
司鐸，但是在我離開之時尚未有結論。

　　烏托邦人中也有未改信基督教者，這些人並不阻撓或批評
別人改信基督教。我在當地停留期間，我們的團契中只有一人
受到干擾。此人在受洗之後即刻公開宣教，熱忱有餘，卻極不 真正的宗教
妥慎。他不顧我們的勸阻，在亢奮的心情之下宣揚基督教，譴 以善法感召
責其他宗教爲敗德的異教，信徒們褻瀆神聖，將來必定要受地 信徒
獄之火的折磨。他以如此激昂的方式講道有一段日子，有一天
遭到逮捕，被判流放外地，理由並非宗教歧視，而是製造騷動，
妨害公共秩序。烏托邦人自古以來即有明令，國民不應該爲了
宗教理由而受肉體刑罰。

　　烏托帕斯在抵達該島之前即已耳聞島民時常爲宗教問題
爭執不休，知道征服其國不是難事，因爲全國不同教派的人忙
於彼此攻詐，沒有力量抵擋他。因此之故，他在勝利之後即刻
頒布法令，規定只要安靜、低調、理性進行，而且不去侮辱他

---

43 天主教七大聖禮中必須由神職人員親自主持的是：堅振、聖餐、告解、
　　教士任命和臨終傅油。七大聖禮其餘兩項爲施洗和婚禮。

人，那麼人人都有選擇信仰或不信仰的自由。信徒可以說服別人，但不能訴諸謾罵或暴力。若有人因爲宗教信仰而引發爭鬥，則罰以流放或貶爲奴隸。

烏托帕斯有鑒於宗教導致的紛亂和宿仇使得和平無望，因此立下這條法令。他的目的不僅在於維持和平，他也想到如此做法也能有益宗教發展。在宗教的議題上，他絕不專斷。他想，上帝或許是喜歡多樣不同的崇拜方式，因此才啓發不同的人懷有不同的觀點。相反地，若有人以自己的信仰強藉恐嚇或暴力加諸別人身上，那便是傲慢兼加愚蠢[44]。他早就預見，世上若有一個眞正的宗教，未來終有一日會藉自身的力量而興盛遠播，其他的宗教即可証明爲虛假。信徒們若以爭鬥與暴動來強行定奪，冥頑兇悍之徒便會勝出，那麼最神聖美好的宗教便會被愚昧的迷信所驅逐，猶如荆棘之驅逐麥禾。烏托帕斯以開明的態度處理宗教的事，允許每個人選擇自己的信仰，唯獨堅持一項禁令，嚴正要求人人遵守人性的尊嚴，不許敗德至否認靈魂的不朽，亦不許主張宇宙隨緣生滅，非由神意主宰。

他們相信人死之後依其生前善惡行爲而獲獎懲。凡有異議者他們便不以人視之，認爲此人作賤自己高貴的靈魂，把人貶低至等同禽獸的卑賤地位。他們更不承認這種人是國民，因爲此人公然藐視法律和社會習俗，有必要被恫嚇遏止。他們認爲，一個人如果只畏懼法律，對於來生不抱希望，此人必會利

---

44 烏托邦的宗教寬容乃是摩爾違心的建構，或許因考量該島爲異教之地，而做此妥協。實際人生中摩爾任首相之時大力執行鞏固天主教的政策。

用奸巧以規避法律，或者利用暴力以違犯法律，藉以滿足私欲。因此，這樣的人不配享有榮譽，不配擔任公職，也不配被賦予公共責任，所到之處必定受到鄙視。他們並不責罰他，因為他們明白，單憑操控意志無法萌生信仰。他們也不威嚇脅迫他，要他言不由衷隱瞞本心；撒謊欺騙等同蓄意犯罪，被他們所憎惡。此人可以為自己的觀念辯護，但是不能在公眾面前為之，只能私下在神職人員和重要人士面前進行。後面這種形式烏托邦人樂觀其成，相信可以幫助此人祛除癲狂，恢復理性。

　　另外一些人犯的錯正好相反，認為禽獸也具有不朽的靈魂，惟不如人類靈魂的尊貴，福報亦不如人類靈魂高妙。抱有這般想法者為數頗眾，由於並非全無道理，亦非邪魔歪道，政府並不加以禁止。

如此看待禽獸的靈魂甚有道理

　　烏托邦人幾乎全都相信，人死之後可享廣大福澤，因此他們哀憐病痛之人所受的苦，但面對死亡卻不覺悲傷，除非見到臨死之人貪愛肉身，抗拒死亡。對他們而言，此種行為極為不祥，顯示其人之靈魂自認有罪，對死後之福澤絕念，甚且暗自畏懼死後的惡報，故而害怕死亡。他們認為若有人奉到上帝召喚，不生欣喜之情，反而百般抗拒而需強力拘提，上帝必定大為不悅。這種的臨終方式會令旁觀者感到恐懼，在下葬之時人人肅穆哀愁。眾人先求上帝寬恕死者靈魂的懦弱，再以泥土掩埋其遺體。相反地，若有人臨死時滿心歡喜又懷抱希望，他們並不為他哀傷，反而以歡慶歌唱的方式為他舉喪，向上帝舉薦他的靈魂。他們以隆重的心情將死者火化，並不悲傷，在火化的場址豎立碑石，記載死者的榮譽事蹟。葬禮結束回到家中，

他們談論死者的人品，尤其他接納死亡的歡喜之情，最是被人稱道。

緬懷逝者的品德能夠使得生者見賢思齊，被認爲是表揚逝者最恰當的方式。他們覺得逝者仍然伴隨在生者身旁，聽得見生者對他們的評斷，只因生者視力魯鈍，故而無法看見。由於已蒙福澤，逝者必然能夠來去自如，對於生前曾經互相關愛的朋友若是就此掉頭不顧，豈不太過絕情？他們認爲慈悲關愛和其他德行一樣，在善良之人的心中只會日益滋長，不會減損，生前死後並無不同。他們因此相信，逝者常會探望生者，觀察他們的言行。日常作息之際他們更覺安心，因爲相信逝者會在一旁守護，也因爲相信祖先就在左近，故而不敢在私下有逾矩的行爲。

其他國家的人對於算命、占卜等無稽之迷信信以爲真，烏托邦人則避而遠之，視爲荒謬。但是他們極爲尊敬超自然的神蹟，認爲是神靈以直接可見的方式向人顯現。事實上在那個國度裡經常會聽到有奇蹟發生。偶或有危急狀況之時，他們舉行公開的禱告儀式祈求奇蹟，接著懷抱堅定的信心等待，終能如願。

人研究自然，進而敬畏自然，他們認爲這是合乎上帝旨意的崇拜方式。國民之中有不少人由於宗教信仰虔誠，因此平日不從事學術研究，但這些人絕非怠惰之徒。他們勞苦自己的身體，造福他人，藉以追求死後的極樂。有些去照顧病人，有些去鋪路、疏浚溝渠、改建危橋，以及剷掘草皮、沙土和石塊；另有些人則伐木鋸材，運送木材、穀糧和其他物品至各個城市。他們爲私人工作，也爲公眾工作，比奴隸還任勞任怨。任

何粗重、乏味和困難的工作，一般人視爲艱苦骯髒，避之唯恐
不及，這些人卻做得滿心歡喜，勞苦自己，換取別人的悠閒，　活動的人生
卻不居功，也不去批評別人的生活方式。他們愈是以奴隸看待
自己，愈是受到別人尊崇。

　　這樣的人分成兩種。第一種奉持身誠、禁慾茹素，不食肉
類或完全不食動物來源之食品。他們棄絕俗世的歡愉，認爲有
害靈修，所渴慕者唯有來生的福樂，要以勞苦身體和戒慎修持
來獲得。他們雖想早日修得正道，卻也積極參與今生今世的活
動。第二種人同樣奉獻於工作，但是選擇婚姻，並不排斥婚姻
生活所給予的肉體歡愛，感念這種自然恩賜之樂，認爲因此而
得的兒女屬於國家。人世的歡樂若不影響日常勞動，他們並不
規避。他們食肉，爲了增強體魄，有助從事勞動。烏托邦人認
爲第一種人比較神聖，第二種人則比較通達。第一種人選擇獨
身和苦修的生活，如果純粹基於理性的考量，會遭人恥笑。但
是，由於他們公開聲明是出於宗教的動機，烏托邦人尊敬他們
的選擇。這兩種人絕不輕率地評論他人的宗教信仰。這些人在
烏托邦語中稱爲「布施睿實喀士」，意爲「虔信者」[45]。

　　烏托邦的教士皆具備聖人的修爲，因此人數極少。每座城
市至多有十三名，每位司理一座教堂。遇有戰爭時，其中七位
隨軍出征，職務暫覓七人代理，原來七位回國時，代理人便返
回原職。備位的教士平日襄助一位大主教，聽命於這位領袖。
教士和其他公職人員一樣，經由全民不記名投票選出，以避免

---

45 Buthrescas，係摩爾依希臘字源自創。

競爭[46]。被選出的人由教士團正式認證後任命。教士引領禮拜儀式，處理教會內的事宜，也擔任全民道德的監察官。若有信眾因為生活不檢點，被傳喚或解送到他們面前，是件極不光彩的事。教士僅對當事人進行輔導勸說，遇有犯行重大者可以禁止他參加禮拜，但是糾正與處罰犯行是市長和其他公職人員的

逐出教會 職責。被逐出教會是最嚴厲駭人的處罰，被罰的人遭受極度的羞辱，以及內心罪惡感的折磨，對救贖絕望。他的肉體也不能長期苟且偷安：除非他能儘快悔過自新，取信於教士，否則參議會將以不敬神的罪名拘捕並且處罰他。

教士負責督導孩童和青年的教育。德育和智育同等重要，在青少年可塑性高的時期，加強灌輸有益於國家和眾人福祉的行為準則。小時所培育的觀念會在成年後繼續茁長，用以捍衛國家。觀念若有偏差必然滋生弊端，危害國家[47]。

女性教士 女人也可擔任神職，但是只有年紀大的喪偶婦女具備資格，而且很少有女人被選出任。教士從全國最有婦德的女子之中選擇配偶。

在烏托邦的公職人員中以教士最受崇敬，即使犯罪，也是交由上帝和他自己的良心審判，不交給法庭。用人間的法律來綑綁一個等於已經奉獻給上帝的特殊祭品，他們認為不對。這樣的作法並不窒礙難行，因為教士人數甚少，並且是經由嚴謹程序選出。一個人因為操守高潔被選擔任要職，卻會貪瀆枉

---

46 由學者之中遴選，再由智叟（族長）選出。
47 正確的國民教育是希臘理想城邦的基石。柏拉圖於《理想國》，亞里斯多德於《政治學》中皆有相同主張。

法，這種事情鮮少發生，萬一發生了，只嘆人性善變，對公眾
利益並無大礙，因為他們人數很少，除了其美德令名具有感召
力之外，並無實質權力。事實上，教士數目這麼少，為的是使
這個階級受到社會尊崇，人數若多必會降低他們的地位。更何
況，眾望所歸的賢達人士猶如鳳毛麟角。

這些教士在海外同樣受到敬重，其原因各位聽了以下的說
明便會清楚。烏托邦軍人所到參戰之處，一定有教士隨行，在
離火線不遠的地方身著聖袍跪地禱告。他們雙手舉天，首先祈
求和平，其次才祈求己方得勝，兩方傷亡輕微。己方如果得勝，
他們即刻介身戰場，管制己方軍人不對敗軍報復殺戮。敵軍若
看見教士，召喚他們，便可保住性命；以手觸碰他們的聖袍，
財產便不致於被沒收。這個作法使得他們所到之處非常受到敵
我雙方的愛戴，樹立真正的威信，以致他們不僅保護敵人免受
烏托邦軍人殺害，也同樣保護烏托邦人免受敵人殺害。有好幾
度烏托邦人潰敗而退，敵軍乘勝追殺掠奪，全賴教士介入，阻
止殺戮，將兩軍隔開，締結平等的和平協定。交戰國中未見有
殘暴野蠻之族，竟敢不顧這些教士的人身安全。

烏托邦人將每月及每年的頭尾兩日訂為假日，休息慶祝。
他們以月亮的運轉為準，將一年分成不同的月份，而以太陽的
運轉周期為一年。他們稱月初之假日為「賽諾日」（「初假日」），
稱月尾為「催頗日」（「尾假日」）[48]。他們的教堂、建築及裝
潢皆美，內部寬敞足夠容納人數眾多的禮拜者。教堂必須容量

反之，我邦
教士卻如許
之多！

唉，比起我
邦教士聖潔
太多！

烏托邦人的
公共假日

---

48 賽諾日（Cynemerns）和催頗日（Trapemerns）皆為摩爾所造之詞。

大，因為數目甚少。教堂內部色調晦暗，並非建築時的疏忽，而是遵照神職人員的想法，認為人的心智在明晃的處所容易迷離遊移，但在昏暗的的地方則能潛心敬神。

烏托邦境內宗教雖多而歧異，但是都只崇拜單一的自然神靈，殊途同歸。因此，全市各座教堂中所宣講的都是各個教派相同的教義，各自不同的儀軌則在各教派自己的會所中舉行，共同參加的禮拜中並不舉行抵觸任何教派的儀軌。教堂中不安置神像，如此則人人皆能依自己的宗教和心意，想像他所信仰的上帝的形貌。他們僅以「密斯拉」稱呼上帝，別無他名。這位聖王不論做何解釋，烏托邦人同意只用這個名字，任何人在禱告中稱呼此名，都不致違犯他所屬的派別。

烏托邦人在「尾假日」的晚上前往教堂，齋戒禮拜，感謝上帝賜給順遂的一月或一年。在隔天的「初假日」他們清早便前往教堂，祈禱新的一月或一年快樂昌盛。在「尾假日」的白天前往教堂之前，他們在家中由妻子向丈夫下跪，兒女向父母下跪，坦承自己故意或無意中所犯的罪過，祈求原宥。如此，則家人之間即使曾有芥蒂，便也消散，全家以清明的心境前往教堂禮拜；他們謹記在崇拜上帝之時不得心懷惡念雜想。他們如果感到心中憎恨別人，在與對方和解、潔淨心靈之前，不會參加教堂的禮拜，惟恐遭到上帝懲罰。

進入教堂之後，男人循右邊，女人循左邊，分排入座。每戶人家男子席由戶長坐在最末排，女子席亦由戶長之妻坐在最末排，以家主的威權監督家人在公眾場合的行為。年輕輩份的必定與年長者同座，若任令年輕孩子彼此攪和一處，屆時可能

嬉鬧說笑,如何能培養對神祇的敬畏,更會因此阻斷了這條修養德性的唯一道路。

在禮拜儀式中他們不屠殺動物獻祭。慈悲的上帝賜給萬物生命,他們不認為殺生流血會令祂高興。他們焚膏薰香,擺置許多蠟燭,並非認為這些作法對那位大自然的神靈有所助益,人類的禱告也不是為了裨益祂。他們只是歡喜以這樣的方式做禮拜,覺得香氣、燭火和其他的儀式能夠提升人類的心靈,進而產生更多的活力用以虔敬膜拜上帝。

上教堂時全體民眾穿著白色衣物。教士們的聖袍上有各種不同的顏色,材質雖不昂貴,但是做工和袍上的裝飾皆為上乘。聖袍上沒有金線絲繡或鑲嵌珠玉,但以各式鳥類羽毛精工織入,耗費的人工價值遠超過任何珍奇的材料[49]。此外,各色的羽毛排列成圖案,具有隱秘的象徵意義,教士謹慎地詳細解說,其精微要義在於提示上帝對人類的恩典,要民眾不要忘記以虔敬篤信回報,也要固守人我之間的責任義務。

當大主教穿著聖袍從內堂出現時,民眾立即跪地恭迎,全體鴉雀無聲,肅穆的氣氛震懾人心,彷彿神靈便在跟前現身。跪拜片刻之後全體隨著大主教的指令起立,接著隨著樂器彈奏的音樂唱頌聖歌。他們的樂器和我們這邊的大不相同,音調比較柔美,其中有些遠遠超越我們的水準。特別有一項我們所無法望其項背的:他們的音樂包括聲樂和彈奏樂,發抒自然的情

烏托邦的音樂

---

49 此袍之造型靈感可能來自韋士普奇所描述,美洲大陸印地安人的服飾。

感，將音聲與情感融合臻於絕妙佳境。禱告詞時或懇切、歡喜、安詳，時或惶惑、哀傷或憤怒，音樂皆能藉由旋律的流轉貼切表達，使得聽者的心情與意念都受到鼓舞激勵。結束之前教士和民眾一起複誦固定的禱告詞，詞文特別編寫，使得不同教派的人都能恰當引用，同聲誦念。

禱告詞中承認上帝是宇宙的主宰，創造所有美好的事物。禱告之人讚美上帝的恩賜，尤其是讓他生活在至善的烏托邦中，使他能夠信仰至真的宗教。萬一這種想法是他錯誤的一廂情願，而世上其實另有更被上帝所讚許的社會和宗教，他也祈求上帝眷顧他、啓示他，令他遵從祂的旨意前去尋求。但是，如果他們的社會構造和宗教都是至善至真，他們祈求上帝讓他們效忠不移，同時更能幫助其他世人實現同樣的生活方式，皈依同樣的宗教信仰，除非上帝另有不可測的旨意，覺得目前多元宗教的現況是好的。

他接著祈求順當的死亡，時辰或早或遲，不是他能決定，但是死後希望受到上帝召喚。若蒙允許，他希望早日蒙主寵召，即便死時痛苦難當亦無怨言，而不願意享受俗世的榮華富貴，卻久久不能親近上帝。禱告完畢，眾人皆又匍匐在地，片刻之後起身前往用餐。餐後接著遊戲和接受軍事訓練。

說到此處我已經儘可能精確地描述了烏托邦國的體制。我認爲它不僅是舉世最理想的，也是唯一名實相符的國家體制。其他的國家僅止於理論，實際做的是謀取私利。在烏托邦沒有私人企業，眾人追求公共福祉。或許這兩者各有道理。在其他地方，國家或許富強昌盛，百姓卻深知唯有自力救濟，才能免

於饑餓死亡。生存的殘酷迫使他們必須先顧自己的溫飽，無暇顧及別人。但在這裡[50]，一切公有共享，只要公共的倉廩充實，人人便無虞匱乏。民生用品的配給充裕，沒有窮人或乞丐，沒有人擁有私產，人人卻都是富翁。

人生最大的財富難道不是平安快樂、無憂無慮、不愁吃穿嗎？男人不必忍受妻子柴米油鹽的嘮叨，不必煩惱兒子將來的生計，或者女兒的嫁奩。人人覺得生活有保障，安定幸福；自妻、兒、孫、曾孫以降，一如貴族階級所關切的他們的世世代代子孫，也同樣如此。甚至殘廢而致不能再工作的人也有保障，與仍有勞動能力的人受到同樣的照顧。

在此，我希望各位把烏托邦的平等制度和其他國家奉行的法律正義做個比較，我敢斷言在後者絕對找不到一丁一點的公平正義。一國之中有諸如貴族、金匠、放貸的一幫人，或無所事事，或所做的事於大眾毫無益處，這些人都得以過著優渥閒適的日子。在此同時，一名苦力、車伕、木匠或者農人卻又辛苦工作不得片刻休息，即便是荷重拉車的牲口也無法忍受吧？他們的工作如此重要，少了他們的勞動，一個國家撐不了一年，但是他們所得如此寒傖，生活如此悽慘，比牲口還不如。牲口尚且有片刻休息，吃食也不比他們差多少，日子過得還較順心，更不必去煩惱未來。但是，勞動之人揮汗工作，不但眼下得不到報酬，猶要操心晚年身無分文時的困境。他們每日所得尚不夠應付日常開銷，焉能奢談積穀防饑，為年老力衰之時

---

50 希適婁岱的口吻彷彿他仍然身在烏托邦國。

預做儲蓄？

　　如此的國家豈有公義恩情可言？全國大筆的財富由所謂
的貴族、金匠和那一幫人囤積獨享，全是一些四體不勤、諂媚
攀緣，或者經營酒色行業致富之徒，而政府對於農人、礦工、
勞工、車伕和木匠等國家體制的磐石階層卻毫無福利措施。社
會在搾乾這些人青壯時期的勞動力之後，在他們年老力衰、既
病且一貧如洗之際，卻毀了道義，忘記他們多少歲月以來的服
務，拋棄了他們，任令他們自生自滅。更惡劣的是，富人永遠
處心積慮，或藉詐騙或以法律相逼，硬是剋扣窮人的每日工
資。過去，最需要政府照顧的人所得卻最少，至少還被人斥爲
不公義。現今，國家制定了法律，倒使得富人的惡行成爲合法。
我在腦中思量著目前國運昌盛的幾個國家，只能哀嘆它們全部
都被狡詐的富人所操控，藉國家之名，行中飽私囊之實。他們
設計各種方法來確保他們用心設計所累積的財富，然後去壓榨
窮人，用最低的工資買到他們的勞力。富人說，爲了國家的福
祉，全體國民（當然包括窮人）必須一致遵守法律。

　　這幫貪婪邪惡之徒！他們雖然攫奪了足夠全民共用的財
物，分贓私藏，卻是遠遠無法企及烏托邦國民的快樂境界。烏
托邦人早把金錢和貪婪逐出了國境，把一切煩惱根源全給斷
除！就這樣，拔去了多少罪惡的雜草荊棘，斷了金錢這個惡
根，把所有的詐欺、偷竊、搶奪、口角、爭鬥、傾軋、煽動、
謀殺、叛國、下毒和其他一堆罪行（絞刑只能懲罰其果而無法
預防其因）消弭於無形。這個道理人人都懂。金錢不存在，在
當下時刻恐懼、焦慮、擔憂、勞苦和失眠也都一起消散了。甚

讀者切記這
一點！

至貧窮(它只是一個缺乏金錢的狀態)也會隨著金錢的消失,立刻不見。

我再舉例來說。某年年成歉收,許多人遭受饑餓之苦。糧食將罄之際,如果去富人的倉庫找一找,我膽敢保證找得到足夠的糧食,不但能使餓死的人得以不死,甚至還能令人感覺富足。問題只出在分配不均,窮人得不到糧食。人類自作聰明,發明了金錢,以此購買生活所需,使得金錢成為阻礙人們取得生活必需品的唯一一塊絆腳石。富人也明白這個道理。他們心裡知道,人有足量的必需品就夠了,過多反而無益;寧可免除眼前的煩惱,而不要困陷在錢財堆中。我絕對相信,人的良知與救世主基督的訓誨(祂的智慧和善性指引人生的正道)早就應該能使烏托邦國的典章制度通行於整個世界,卻無奈有一個妖魔從中作梗,那就是「驕傲」這個魔頭與萬惡之源。

「驕傲」以別人的劣勢,而非自己的優勢,衡量她自己的成功[51]。除非腳下有落魄的人供她恥笑與宰制,「驕傲」不會滿意於當個女神。她的耀眼的運道一定要有別人的淒慘來烘托;她炫耀自己的財富來睥睨別人的貧窮。「驕傲」是一條地獄裡爬出來的蛇,緊緊纏繞人的心,像一隻鮣魚[52],人被吸住無法動彈,無力革心向善。 ◁ 如此之心態

人性中的驕傲根深蒂固,不易拔除。因此,我很欣慰烏托邦人至少有幸能建立他們的國家,也希望世人都能仿效。他們

---

51 摩爾將「驕傲」擬人/妖魔/女性化,依據基督教教義,將之比喻撒旦,又將「驕傲」比喻為異教女神,透露出他傳統的父權心態。

52 鮣魚(remora)藉頭頂強力的吸盤附著在大型魚類或船隻的腹部。

所奉行的生活規範確實爲國家體制奠下良好的基礎，不但民生樂利，而且以吾人有限的智慧來預測，它應該能夠永垂不朽。他們既已將國內野心家派閥鬥爭的種子鏟除，拔去內亂的危機，便不致像其他城邦，看來固若金湯，卻只因內鬨難弭而致覆亡。只要保住內部和諧，典章制度健全，烏托邦人便能根基永固，面對鄰國國君的覬覦和不斷的圖謀，終能安保無恙，讓他們無法得逞。

　　聽完拉斐爾講的故事，我實在覺得烏托邦的法律和習俗有不少甚是荒謬。比如說他們的戰爭方法，他們的宗教措施，以及其他的風俗。但是我最不能認同他們的基本體制，也就是集體生活和不使用金錢的經濟制度。單是這個體制就足以完全抹殺一般人所認定的一個國家的炫爛光采：它的高貴、宏偉、壯麗和皇族氣派等[53]。可是我知道拉斐爾說得倦了，也不確定他能不能接受相反的意見，又記起來他曾經罵過某種人，說他們惟恐被認爲無知，因而拼命在別人的話裡找碴。我於是一邊讚美烏托邦人的生活方式以及他的精采敘述，一邊牽起他的手領他到屋裡用餐。進屋之前我說將來要再找時間，跟他進一步討論這些事情。但願這個願望可以實現！

　　同時，我也要聲明，我實在不能全盤同意拉斐爾所說的種種（儘管他的確才學飽滿又通達人情），但是我也不得不承認，

　53　此處的「我」是摩爾所設的「不可靠的代言人」，故意與希適婁岱唱反調，維持全書的「辯論」架構直至結尾。

我雖然衷心期盼，但不敢奢望，烏托邦國的許多特色會在我們自己的社會裡實現。

第二部結束

拉斐爾‧希適婁岱結束午後一席話，敘述了烏托邦島鮮為人知的典章制度。由飽學知名的倫敦市民暨副司法處長湯馬斯‧摩爾先生記錄。

傑登浩華[1]評《烏托邦》

你尋找樂趣嗎，讀者？這兒有；
你追求道理嗎？這本書裡最多：
你兩者都要嗎？——都在這座島上找得到；
讓你既增長見識，談吐也更有見地：
倫敦的榮耀，卓越超群的摩爾
描摹了善與惡的知識泉源。

---

1 Gerard Geldenhouwer為荷蘭的人文主義學者，協助《烏托邦》初版的印刷事宜。

戴薛瑞佛[1]評《烏托邦》

尋找新世界的奇妖怪獸嗎？
尋找異域他鄉的奇風異俗嗎？
或是美麗人性之本源，邪惡人性之深淵？
還是萬物核心的虛空？
讀這本書吧，一切盡由摩爾的妙筆揮灑，
倫敦的驕傲，英國的第一人。

---

1 De Schrijver以拉丁文寫詩享有盛譽，定居安特衛普時與瞿理斯結為好友。

摩爾致翟理斯函[1]

摯愛的彼得：

我很欣慰有一位你認得的人[2]批評我寫的《烏托邦》，提出以下的矛盾：如果書裡寫的種種全是真的，那麼其中有甚多荒唐之處；如果是虛構，那麼其中有若干部分實在不符合摩爾慣常展現的聰睿。彼得，我實在感謝這位不知其名的仁兄。恐怕是位有學問的，肯定是某個朋友。這番坦率的言詞，比諸之前所有對這本書的看法，都要令我高興。至少他對這本書或者對我懷有好感，一路把它讀完，沒有因不耐其煩而半途放棄，而且也讀得仔細，不像許多教士隨意讀讀（或者根本不讀）他們的聖職職務條文。讀完之後，他挑出少數地方加以批評，其餘的他也仔細考量過，很是讚許。我感覺他雖然直率，但是他的批評卻比別的讚美更顯得看重我的書。有些章節他認為沒有寫好，很是失望，

1　此信只收錄於1517年巴黎版。
2　這名批評者無可考，顯係摩爾杜撰。

這份心情其實源自他對我的高度期許。我自己則想，書中只要有些許可取之處，並非滿紙荒唐之言，就深覺慶幸了。

　　但是，如果他不介意我同樣坦率地回應他的意見，我要說，他不必如此自以為獨具慧眼（希臘人則說「如小圓珠般的眼睛」），只因為察覺一些烏托邦體制中看似荒唐的地方，或者逮到我對理想社會的建言中某些不甚有用的議論。他難道不知，烏托邦之外的世界有更多的荒唐事！天下又有哪一位哲學家所提出的理想社會、英明君王或家訓的藍圖，是完美無瑕不需修改的！說到這點，我所敬仰的某些名士，他們的這類著作之中便有甚多意見是全然不可行的。

　　批評我的這位人士懷疑我這本書的真實性，真是讓我大大看輕他的判斷力。我承認，當初要是想寫一則關於理想國家體制的虛構故事，我很可能就直接以虛擬的手法增加趣味，使讀者樂於接受，好像良藥浸了蜂蜜一樣更添可口。但是，儘管我會任憑天真之人耽溺於無知，卻必定會留下蛛絲馬跡，使得有知識的人能夠體會我的用意。我必定會在命名的技巧上大作文章，使得用心的讀者會注意到島名叫「烏有之邦」，城市名為「無明」，河流意為「無水之流」，君王則是「無民之君」。這樣做法一點不費力，也給人較為生動俏皮的感受。我確實一心只想據實轉述，否則不致蠢到採用「烏托邦」、「焉你得」、「艾默若」和「亞戴默士」等無意義的化外之詞[3]。

3　摩爾在此玩弄修辭，混淆虛實。Utopia, Anyder, Amaurot和Ademus等書中用語皆為摩爾自創，各詞之意正是此處所否認的「烏有之邦」、「無明」、「無水之流」和「無民之君」。

唉，摯愛的瞿理斯，我現在明白了，有些人心機太重，聰明外加謹慎，而你我二人卻是單純直率。我們把希適婁岱的說詞照實記錄，他們卻是一個字也不相信。爲了不使我自己的誠信，以及實錄報告這個文類的可信度，受到質疑，我且套用特倫斯劇中麥西士關於格里瑟的兒子的一句台詞，來爲我的心血結晶辯明出身：「謝天謝地，此兒呱呱墜地之時，一旁圍立幾位朝廷貴婦可資做證。」[4] 此兒不是偷抱來的，《烏托邦》也是如假包換。同樣情況，所幸拉斐爾說故事之時，在場不只你我二人，尚有一群德高望重之士。拉斐爾後來是不是跟他們提到更多的奇事，我不知道；至少，我們聽到的他們也都聽到了，都是真材實料。

他們的證詞如果還不能取信於抱持懷疑的人，那麼儘管去問希適婁岱本人。他還在世。最近有人從葡萄牙來，說是三月初一還見到希適婁岱，健碩如昔。讓那些不信的人去向希適婁岱問個清楚，查個水落石出。我謹在此聲明，這本書只是在下所作的忠實記錄，並不保證其他人的誠信。再會了，摯愛的彼得。問候賢夫人及美麗的女兒。內人也向她們問候。

摩爾

書中用語皆爲摩爾自創，各詞之意正是此處所否認的「烏有之邦」、「無明」、「無水之流」和「無民之君」。

4 語出羅馬喜劇家Terence劇作 *Andria* IV. Iv. 770-1.

參考書目

一、《烏托邦》文本

1. 拉丁文本

Utopia, 1st edition(Louvain, 1516).

Utopia, 2nd edition(Paris, 1517).

Utopia, 3rd edition(Basel, March 1518).

Utopia, 4th edition(Basel, November 1518).

2. 英譯本

Utopia, trans. Ralph Robynson(1551, rpt., 1556, 1559, 1624, 1639).

Utopia, trans. Sir Arthur Cayley(1808).

Utopia, in Latin & English, ed. J. H. Lupton(Oxford, 1895).

Utopia, trans. Gilbert Burnet(1684); ed. Sir Sidney Lee(1906).

Utopia, trans. V. Paget(1909).

Utopia, trans. G. Sampson and A. Guthkelch(1910 and 1929).

Utopia, trans. G. C. Richards(1923).

Utopia, ed. Edward Surtz, S. J.(New Haven & London: Yale University Press, 1964).

Utopia, trans. Paul Turner(New York: Penguin Books Ltd., 1965).

*Utopia, eds. Edward Surtz, S. J. & J. H. Hexter, *The Complete Works of St. Thomas More*, vol. 4(1965).

Utopia, trans. & ed. Robert M. Adams(New York & London: W. W. Norton & Company, 1975).

Utopia, eds. George M. Logan, Robert M. Adams and Clarence H. Miller(Cambridge: Cambridge University Press, 1995).

Utopia, ed. & trans. David Wootton(Indianopolis & Cambridge: Hackett Publishing Company, 1999).

Utopia, trans. Clarence H. Miller(London: Yale University Press, 2001).

3. 中譯本

劉成韶譯註,《烏托邦》(台北,1957)。

劉麟生譯,《烏托邦》(台北:台灣商務印書館,1965)。

戴鎦麟譯,《烏托邦》(北京:商務印書館,1981)。

郭湘章譯,《烏托邦》(台北:國立編譯館出版,台灣中華書局印行,1993第八版)。

二、摩爾傳記

Bridgett, T. E., *The Life of Blessed Thomas More*(1891).

Kenny, Anthony, *Thomas More*(Oxford University Press, 1983).

　　【此書中譯本：王又禔譯，《摩爾》(台北：聯經，1985)】

Roper, William, *The Lyfe of Sir Thomas Moore Knighte*, ed. Elsie Vaughan Hitchcock(Oxford: Oxford University Press, 1935).

三、相關研究

Baker-Smith, Dominic, *More's "Utopia"*(London: Harper Collins).

Chambers, R. W., *Thomas More*(Ann Arbor, Michigan: The University of Michigan Press, 1958).

　　【此書中譯本：梁懷德譯，《托馬斯·摩爾》(台北：聯經，1993)】

Davis, J. C. *Utopia and the Ideal Society*(Cambridge: Cambridge University Press, 1981).

Fox, Alistair. *"Utopia": An Elusive Vision*(New York: Twayne Publishers, 1993).

Jones, Judith P. and Sherianne Sellers Seibel. "Thomas More's Feminism: To Reform or Re-form?" *Quincentennial Essays on St. Thomas More*. ed. Michael J. Moore. Boone(N. Y.: Albion, 1978), 66-77.

Lewis, C. S. "A Play of Wit," *Twentieth-Century Interpretations of* Utopia: *A Collection of Critical Essays*(Englewood Cliffs, N. J.:

Prentice-Hall, 1968), 66-69.

Manuel, Frank E. and Fritzie P. *Utopian Thought in the Western World*(Oxford: Basil Blackwell, 1979).

Romm, James, "More's Strategy of Naming in *Utopia*," *The Sixteenth Century Journal* 22.2(1991): 173-83.

Schoeck, Richard J., "Humanism in England," *Humanism Beyond Italy*. ed. Albert Rabil, Jr.(Philadelphia: University of Pennsylvania Press, 1988), 5-38.

Skinner, Quentin, "Sir Thomas More's *Utopia* and the Language of Renaissance Humanism," *The Languages of Political Theory in Early-Modern Europe*, ed., Anthony Pagden(Cambridge: Cambridge University Press, 1987).

Sylvester, R. S. and G. P. Marc'hadour, eds., *Essential Articles for the Study of Thomas More*(Hamden, Conn.: Archon Books, 1977).

四、摩爾之後的烏托邦/反烏托邦文學

1. 烏托邦文學

François Rabelais, "The Expedition to Utopia," *Pantagruel*(1532).

————, "Abbeye of Thélème," *Gargantua*(1534).

Joseph Hall, *The Discovery of a New World*(1605).

Johann V. Andreae, *Christianopolis*(1619).

Tommaso Campanella, *The City of the Sun*(1623).

Francis Bacon, *The New Atlantis*(1624).

Denis Diderot, *Supplement to Bouganville's "Voyage"*(1772).

Edward Bellamy, *Looking Backward*(1888).

William Morris, *News from Nowhere*(1891).

H. G. Wells, *The Time Machine*(1895).

————, *The War of the Worlds*(1898).

————, *When the Sleeper Awakes*(1899)

————, *A Modern Utopia*(1905)

————, *Men Like Gods*(1923).

————, *The Shape of Things to Come*(1933).

2. 反烏托邦文學

Samuel Butler, *Erewhon*(1872).

Aldous Huxley, *Brave New World*(1932).

George Orwell, *1984*(1949).

摩爾年表

1478	出生於倫敦；父Sir John More為知名法官。
1492-93	於牛津受基礎教育，結識John Colet和William Latimer（日後以"Oxford Reformers"名聞全歐）；在坎特伯里大主教John Morton府邸擔任童生。
1494-98	於倫敦Inns of Court 學習法律。
1499	結識Erasmus。
1504	贏得選舉，進入國會。
1505	第一次婚姻，有四個兒女。
1510	擔任倫敦副司法處長。
1511	元配病故；第二次婚姻。
1516	《烏托邦》於魯汶出版。
1517	入朝任亨利八世秘書；出使歐陸；筆伐馬丁路德。《烏托邦》於巴黎再版。
1518	3月《烏托邦》於巴塞爾三版。11月《烏托邦》於巴塞爾四版。

1523	出任下議院議長。
1529-32	擔任宰相；拒絕簽署亨利八世之效忠法案。
1532-35	被囚於倫敦塔。
1535	被處死刑。
1886	領受天主教會宣福禮。
1935	被天主教會尊為聖徒。

聯經經典
烏托邦

2003年2月初版　　　　　　　　　　　　　　　　定價：新臺幣200元
2019年10月初版第三刷
有著作權・翻印必究
Printed in Taiwan.

原　　　著	Thomas More	
譯　　　注	宋　美　璍	
責任編輯	邱　靖　絨	
校　　　對	陳　奕　文	
封面設計	沈　志　豪	
編輯主任	陳　逸　華	

出　版　者　聯經出版事業股份有限公司　　　　總編輯　胡　金　倫
地　　　址　新北市汐止區大同路一段369號1樓　總經理　陳　芝　宇
編輯部地址　新北市汐止區大同路一段369號1樓　社　長　羅　國　俊
叢書主編電話　（02）86925588轉5307　　發行人　林　載　爵
台北聯經書房　台北市新生南路三段94號
　　　電話　（02）23620308
台中分公司　台中市北區崇德路一段198號
暨門市電話　（04）22312023
郵政劃撥帳戶第0100559-3號
郵撥電話　（02）23620308
印　刷　者　世和印製企業有限公司
總　經　銷　聯合發行股份有限公司
發　行　所　新北市新店區寶橋路235巷6弄6號2F
　　　電話　（02）29178022

行政院新聞局出版事業登記證局版臺業字第0130號

本書如有缺頁，破損，倒裝請寄回台北聯經書房更換。　ISBN　978-957-08-2545-9 (平裝)
聯經網址 http://www.linkingbooks.com.tw
電子信箱 e-mail:linking@udngroup.com

國家圖書館出版品預行編目資料

烏托邦 / Thomas More原著 . 宋美璍譯注 .
初版 . 新北市 . 聯經 . 2003年
256面；14.8×21公分 . （聯經經典）
參考書目：5面
譯自：Utopia
ISBN　978-957-08-2545-9（平裝）
[2019年10月初版第三刷]

1.烏托邦社會主義

549.8　　　　　　　　　91024126